ヘタでも通じる英会話術

晴山陽一
Hareyama Yoichi

PHP新書

はじめに──そんなあなたの英会話

「英語が話せるようになりたい。だけど、英会話学校に行く時間もお金も、勇気もない」

この本はそんなあなたに最適の本です。おまけに、ネイティブと話すとき、次のような自覚症状のある方には、まさにうってつけの本です。

①基本的な受け答えもうまくできない。
②ときどき、めんどくさくなって、だんまりを決め込むことがある。
③話すとき、相手の目を見るのが苦痛。
④気がつくと、わけもなくニヤニヤしている自分がいる。
⑤自分の英語の間違いを直そうともがく。
⑥相手の言ったことを頭の中で訳さないと気がすまない。
⑦知らぬうちに、まわりくどい言い方をして、しどろもどろになっている。
⑧同意しているわけでもないのにＹＥＳと言っている自分が悲しい。
⑨和製英語と本物の英語の区別がつかなくなる。
⑩当然ながら発音にも自信がない。

この本は、「ビフォー＆アフター」の形式で書かれています。いわば、リフォーム前の英会話とリフォー

ム後の英会話です。

　まず「ビフォー」で、さまざまな自覚症状に悩むあなたの英会話を、そのまま再現してお見せします。すべて、相手のネイティブの「トホホ顔」が見える、悲しい英会話です。

　でも、あきらめるのは100年早い。落ち込むヒマがあったら、次の「アフター」の会話を見てください。そこでは、あなたはみごとに大変身して、ネイティブと対等に話しています。大変身とは言っても、**「ビフォー」から「アフター」への距離は、超えられない距離ではありません。**

　どうしたら「ビフォー」から「アフター」に華麗にワープできるか、わかりやすく解説いたします。そこが本書の見所です。

＊

　世の中には、そんなに英語がうまくないのに、なぜかネイティブと堂々と英語でやりあっている人がいます。一方、そうとう英語ができて、たとえばTOEICでかなりの高得点をあげているにもかかわらず、会話は苦手という人もたくさんいます。TOEICで800点以上のスコアを上げているので採用したのに、海外業務がぜんぜんできなかった、なんて話をよく耳にします。

　この差はどこからくるのでしょう。**なぜ「できない」はずの人が「できる」はずの人より「できてしまう」のでしょう。**

本書を読めば、このナゾを解くヒントが得られると思います。英会話がうまくなるために必要なのは、たんなる「英語力」ではないのです。むしろ、「英語力」より「会話力」のほうが力を発揮するのです。

　英語がうまくないのに英会話が得意な人は、「正しく話す」ことより、「よりよく伝える」ことに長(た)けている人です。会話のツボを心得ている人、と言ってもいいでしょう。だから**多少、英語はヘタでも、彼らの英会話は「通じる」のです。**

　どうせ話すなら、ネイティブを困らせるような英会話より、ヘタでも気持ちの通じる英会話がしたいもの。この本は、そのためのプライベート・レッスンを形にしたものです。

　だれにも恥じることはありません。ヘタクソな英会話をジョークでも読むつもりで高らかに笑い飛ばし、リフォーム後の英会話にひそかにシンクロしましょう。そんな泣き笑いのレッスン室がこの本です。

　しかし、シミュレーションを通したレッスンの効果は絶大です。この本は、わけのわからない抽象論や、肩肘張った精神論とは無縁です。こういうことは明るく朗(ほが)らかにやりましょう。

*

　本書に収めた53編の「ビフォー&アフター」の会話例は、すべてリサ・インウッドさんの書き下ろしです。リサさんは、大阪在住の有能な英語教師で、非常に文才に恵まれた方です。本書は、私とリサさんの長

時間にわたる協議の末にできあがりました。彼女のユーモア感覚と、温かい心づかいが、すべての会話の隅々にまで感じられることと思います。

　最後に、この本の制作段階でたいへんお世話になった丸橋由起子さんと、すばらしい本に仕上げてくださったＰＨＰ研究所の林知輝さんに、深く感謝の意を表したいと思います。

　この本を手に取ったみなさんが、英会話の楽しさ、おもしろさに開眼されるよう心から願っております。

　2006年6月

晴山陽一

CONTENTS

はじめに――そんなあなたの英会話

プロローグ 挨拶なしでは始まらない 13

第1章 これが英会話の基本ルール！

1 基本的な受け答えを怠る 19
ケース1 「塩を取って」と頼まれて
ケース2 ぶつかった相手に

2 だんまりを決め込む 27
ケース3 コピー機の使い方を聞かれて
ケース4 神社で質問されて
ケース5 ヒートアイランドについて意見を求められて

3 意味もなくニヤニヤする 35
ケース6 客から注文ミスを指摘されて

4 相手の目を見ないで話す 39
ケース7 週末のテニスに誘われて

5 相手にわからない日本語をつぶやく 44
ケース8 狛犬の前で

第2章 そんなに緊張しないでください！

1 自分の英語の間違いを直そうともがく（相手にはもう通じているのに） …49

ケース9　飲み物の注文を聞かれて

2 相手の言ったことを頭の中で訳さないと気がすまない …55

ケース10　会話がなかなか進まず

3 抑揚がない（会話なのになぜか棒読み） …61

ケース11　ランチに誘われて

4 感情を殺してロボットみたいに話す …67

ケース12　ボーリングに誘われて
ケース13　ゆうべ何をしたか聞かれて

第3章 丸暗記では会話はできません！

1 教科書英語が抜けない …75

ケース14　飲み物をすすめられて
ケース15　余暇の使い方を聞かれて

2 形式にこだわる …83

ケース16　初対面の会話

第4章 それでは話が見えません！

1 「つかみ」がない（話題の中心点がつかめない） …89

ケース17　北海道旅行について話す

2 前置きが長すぎる　　　　　　　　96

ケース18　質問をしたいとき
ケース19　頼みごとがあるとき

3 まわりくどい言い方をする　　　　103

ケース20　バーベキュー・パーティに誘われて
ケース21　映画に誘われて

第5章　YESかNOか、はっきりさせて！

1 YESが口ぐせ（内心は同意しているわけではないのに）　　111

ケース22　週末のパーティに誘われて

2 ハッキリNOが言えない　　　　　117

ケース23　映画の誘いを断る

3 どちらともとれる曖昧な表現を使う　　122

ケース24　スピーチを頼まれて

第6章　どうしてそんなに謝るの？

1 過剰に自己卑下する　　　　　　　127

ケース25　自分の英語を卑下する

2 やたらに謝る（I'm sorry.を連発する）　　131

ケース26　やたらに謝るウェイター
ケース27　店員にものを頼む

3 「ありがとう」のつもりで「すみません」　136
ケース28　タバコの火を借りる

第7章　あなた丸出しの英会話を！

1 We Japanese を連呼する（日本人はみんな同じか？）　141
ケース29　趣味を聞かれて

2 相手に合わせすぎる　149
ケース30　買い物につきあう
ケース31　メニューを見ながら

第8章　相手のことを考える余裕を！

1 無神経な質問をする　159
ケース32　尋問みたいな会話

2 外国人はこうだと決めつける　165
ケース33　外国人と見ればアメリカ人と思い込む
ケース34　箸を使う外国人を見て

3 相手の文化を理解しない　171
ケース35　血液型と星座

第9章　知らずに相手を傷つけていませんか？

1 褒めてるつもりで失礼なことを言う　177

ケース36　失礼な質問

2 無意識に横柄な言い方をする　183

ケース37　'Give me'という言い方

第10章 違いがわかる人になりましょう!

1 和製英語を勘違いして使う　187

ケース38　アルバイトに行きました
ケース39　「ノーメイク」で通じるか

2 その短縮形は通じません!　195

ケース40　ロスに行く
ケース41　リモコンがない!

3 似た単語を使い間違える　201

ケース42　'spell'と'spelling'
ケース43　'sign'と'signature'

COLUMN　これは英語ではありません!①
"爆笑"和製英語の巻

第11章 発音違いは思わぬ誤解のもと

1 LとRで行き違い!　209

ケース44　'robber'の発音

2 綴りからはわからない発音もある!　215

ケース45　'clothes'の発音

COLUMN これは英語ではありません！②
"爆笑"発音違いの巻

第12章 言葉は正確に使いましょう！

1 簡単な文法を間違える　　223

ケース46　'will'の使い方を間違える
ケース47　「ほとんど」という言い方

2 時に関する言葉の使い方　　233

ケース48　'later'の使い方
ケース49　'before'と'ago'

3 受け身形には注意　　240

ケース50　私は盗まれた？
ケース51　'interesting'と'interested'

4 日本語に引きずられた表現　　249

ケース52　「遊ぶ」は'play'？
ケース53　「たぶん」を'maybe'に置き換える

COLUMN これは英語ではありません！③
"爆笑"日本語に引きずられた英語の巻

エピローグ 歩み寄るのはこちらから　　261

参考文献

プロローグ

挨拶なしでは始まらない

● How do you do? と How are you?

　私は48歳のときにはじめて英検を受験しました。受験理由の半分は通常の受験生と同様、自分の英語力を試すためであり、残りの半分は「英検攻略法」を探り、本のネタにするという"不純"な動機からでした。

　そうは言っても、20代の若者に交じっての受験は、ちょっと面映ゆいものがありました。受けたのは準1級。初挑戦にはこれくらいがいいかな、と思って決めました。TOEICを受けたときと同様、一夜漬けの一発勝負でした。

　筆記試験に合格したあと、今度は日を改めて口頭試験です。試験を受けるため室内（大学の研究室を借りて行われました）に入っていくと、私と同年配の試験官が待ち受けています。

　私が席に座ると同時に彼の発した第一声は、How are you? でした。

　これには虚をつかれた感じで、一瞬戸惑いました。教科書どおり、Fine, thank you. And you? と返すことが期待されているんだろうか。これも試験の一部なんだろうか。だいたい、初対面なのに、なぜ How do you do? ではなく、How are you? なんだろう……。こんな思いが私の頭の中に去来しました（何歳になっても、試験はイヤなものです）。

そのときの私は、とっさに How do you do? と会釈し、Fine, thank you. とつけくわえたように記憶しています。

むかしの教科書は、型にはまった初対面の挨拶から始まるのが常でした。いや、むかしの教科書にかぎりません。手元にある、New Horizon（東京書籍）の Book 1 の巻頭カラーページには、古式ゆかしき挨拶が、いまだに載っているではありませんか（注）。

A: How are you?
　お元気ですか。
B: Fine, thank you. And you?
　元気です、ありがとう。あなたは？
A: Fine, thank you.
　元気です、ありがとう。

しかし、多くの人が指摘しているように、このような型どおりの挨拶がなされることは、めったにありません。言ってみれば、これはロボットの挨拶なのです。実際には、次のような挨拶が一般的なようです（もちろん人により千差万別ですが）。

A: How're you doing?
　元気かい？
B: Not bad. You?
　まあまあさ。キミは？
A: All right.

元気だよ。

　How're you doing? のところは、How have you been? とか How's everything? とか How's it going? あるいは、How's life? なども考えられます。
　また、それに対する答え方としては、Not bad. 以外に、All right. や Good. や Couldn't be better. などが考えられます。
　最後の Couldn't be better. は「これ以上よくはなれない」つまり「絶好調」ということです。逆に、Could be better. と肯定文で言えば、「もっとよくなりうる」つまり「イマイチ」ということですね。

●「はじめまして」と「お元気ですか」は同じ？
　先ほど、初対面の挨拶として、How do you do? に触れましたが、この How do you do? もいまや前世紀の（前々世紀の？）遺物といった趣があります。現在よく使われるのは、Nice to meet you. です。先ほど引用した New Horizon の Book 1 でも、初対面の挨拶には、Nice to meet you. が採用されています。
　そもそも挨拶に決まった型などないことは、日本語で考えてみればわかります。初対面とわかっていれば、わざわざ「はじめまして」とは言わず、「○○と言います。よろしくお願いします」とか、「お噂はかねがね」などと始めるのではないでしょうか。
　ちなみに、「お噂はかねがね」は英語では、I've heard a lot about you. となります。また、「ずっとお会いしたいと思っておりました」なら、I've been

プロローグ　挨拶なしでは始まらない　　15

looking forward to meeting you. ですね。

そもそも、How do you do? =「はじめまして」、How are you? =「お元気ですか」という図式に、すでに無理があるのかもしれません。

How do you do? は直訳すれば「どうされていますか」ということで、初対面でなくても使われることはあるようです。

逆に、How are you? が絶対に初対面で使えないかというと、そんなこともありません。事実、アメリカの洋品店などに行くと、Hi! How are you? のように声をかけられることがしばしばあるそうです。

文化も発想も違う英語と日本語を横に並べて、無理やりイコールで結ぶ機械的な学習法には限界がある、ということではないでしょうか。

では、挨拶談議はこれくらいにして、そろそろ本論に進みたいと思います。その前にこのプロローグの復習をしておきましょう。

BEFORE

A: How are you?
　　お元気ですか。
B: Fine, thank you. And you?
　　元気です、ありがとう。あなたは？
A: Fine, thank you.
　　元気です、ありがとう。

AFTER

A: How're you doing?
　元気かい？
B: Not bad. You?
　まあまあさ。キミは？
A: All right.
　元気だよ。

　BEFORE がリフォーム前の会話、AFTER がリフォーム後の会話、というわけです。本書は全編、この形式で、**日本人が陥りやすい「あぶない英会話」を「おすすめ英会話」に置き換えていきます。**

　なお、ひとこと最後に申し添えておきますが、改装の意味の「リフォーム」という言葉の使い方は、じつは典型的な和製英語です。「彼女はキッチンのリフォームを望んでいる」は、She wants to reform the kitchen. ではなく、正しくは She wants to remodel the kitchen. と申します。念のため。

（注）本書の執筆後に平成18年度の新教科書が出版され、How are you? は削除されていました。教科書も徐々に変わりつつあります。小学校からの英語導入が、間接的に中学教科書の不自然な英語を駆逐しつつあるのは、たいへん喜ばしいことだと思います。

第**1**章

これが英会話の基本ルール！

1 基本的な受け答えを怠る

 ここに典型的な英会話の見本があります。路上で道を聞くときの会話です。簡単な英文なので、ご覧ください。

A: Excuse me. Can you tell me where the station is, please?
 すみません。駅はどこか教えてください。
B: Take the second on the left and go straight.
 ふたつめの角を左に曲がって、まっすぐ進んでください。
A: Many thanks.
 どうもありがとう。
B: Not at all.
 どういたしまして。

 これは、ロングマンの英会話テキストから引用した会話です。このテキストには、いくつかの「置き換え可能表現」が示されています。
 たとえば、Many thanks. のところは、Thank you. や Thank you very much indeed. や Thanks very much. などの「置き換え表現」が可能だとしていま

す。

また、最後の Not at all. のところは、That's OK./That's quite all right./It's a pleasure./You're welcome./Don't mention it. なども可能です。

ところで、この短い会話例から、英会話の基本ルールをいくつか拾い出すことができます。すなわち、

①見知らぬ人に声をかけるときは、Excuse me. で始めて、できれば、最後に please をつけよう。
②相手のしてくれたことには、Thank you. などの感謝の言葉を述べよう。
③「ありがとう」と言われたら Not at all. などの言葉を返そう。

などの基本ルールです。もしも、この最低限のルールを守らないと、この会話はどうなるでしょう。

A: Can you tell me where the station is?
　　駅はどこか教えてください。
B: Take the second on the left and go straight.
　　ふたつめの角を左に曲がって、まっすぐ進んでください。
A: …

なんともそっけない会話です。結果的に見ると、きちんと答えてもらえただけでも、幸運と言えるでしょう。それにしても、道を教えてもらって「ありがとう」のひとことも言わないのは、明らかにマナー違反です

し、相手の人は非常に不愉快な思いをしたはずです。

この例からもわかるように、**会話というのはキャッチボールのようなもの。相手の捕りやすい球を投げる、受け取ったらまた投げ返す、というのがルールとなります。投げ返すべき球を投げ返さなければ、ゲームはそこでパタリと終わってしまいます。**

日本人のなかには、この当たり前の受け答えが苦手な人がいます。緊張のあまり、出るはずの言葉が出ないのかもしれません。そうなると、会話のキャッチボールは突然中断されてしまい、相手は不愉快な思いをすることになります。

次に、そんな「トホホ」の会話例をお見せします。Jは日本人、Eは英語を母国語とする人を表しています。とりあえず、あなたは日本人の役を演じるつもりで、お読みください。

ケース 1 「塩を取って」と頼まれて

BEFORE

E: Could you pass me the salt?
　　塩を取っていただけますか？

J:《Passes the salt.》
　　《塩を渡す》

E: Thank you.
　　ありがとう。

J:《No answer and the conversation ends.》
　　《返事がなく、会話が途切れる》

E: (He says nothing. Why? Is he angry?)
　　(何も言わないけど、なぜなんだ。機嫌が悪いんだろうか)

　相手から「塩を取って」と言われて、黙って手渡しています。しかも、「ありがとう」というお礼の言葉に、何も反応していません。こんな何気ないやりとりひとつでも、会話のルールが守られていないことで、相手がいらだっているのがわかります。（　）の中は、相手の気持ちを表しています。何も言わないということが、それだけでどんなに気まずい結果をもたらすか、この例でもよくわかると思います。

　では、「リフォーム後」の会話を見てみましょう。

AFTER

E: Could you pass me the salt, please?
　　塩を取っていただけますか？

J: Here you are.
　　はい、どうぞ。

E: Thanks.
　　ありがとう。

J: You're welcome.
　　どういたしまして。

　今度は、塩を取ってあげる動作とともに、Here you are. という決まり文句を添え、相手も Thanks. と気をよくしています。もちろん、Thanks. に対しては、You're welcome. という決まり文句で応じています。

この「どういたしまして」は、That's OK. や That's quite all right. または簡単に All right. だけでも十分です。Sure, no problem. などもおすすめです。とにかく何かの信号を出しさえすれば、一件落着なのです。

　日本には沈黙の美徳という考え方があり、行為で示せばわざわざ言葉に出さなくても（言挙げしなくても）気持ちは相手に通じる、という思い込みがあります。**しかし、英語圏では、気持ちをいちいち言葉に出して相互確認するのがルールなのです。そのルールを破ると、突然ゲームを降りたように受け取られ、それこそ気まずい沈黙があとに残ります。**

　もう少し深刻な場合を見てみましょう。今度は、道で肩がぶつかった場合です。われわれ日本人は、少々肩が触れたくらいなら振り向きもせず、そのまま通り過ぎてしまいます。しかし、軽く謝りの言葉を発して他意のないことを示し、あとに禍根を残さない、というのが英語圏のルールなのです（これは英語圏に限ることではありませんが、この本では、英語圏での場面、あるいは英語話者とのやりとりを想定して、このように表すことにさせていただきます）。

ケース2　ぶつかった相手に

BEFORE

E: Oops.
　おっと。

J:《Says nothing and goes away.》
　《何も言わずに立ち去る》
E:(Oh, what a rude man he is. I thought he might be a pickpocket.)
　(なんて失礼な人だろう。一瞬ひったくりかと思ったよ)

　実際、わざとぶつかって花瓶などを取り落として割り、高額の弁償を迫るという「ぶつかり屋」もいるそうなので、相手の反応が大げさなわけではありません。
　海外に出たら、現地の人びとに合わせて歩く速度を少しゆるめること、集団で歩く場合は道いっぱいに広がらないこと、なども基本マナーとなります。
　では、相手の「おっと」にきちんと対応した例を見てみましょう。なお、Oops. は「**ウープス**」と発音されます。

AFTER

E: Oops.
　おっと。
J: Oh, excuse me.
　あ、すみません。
E: Never mind.
　気にしないで。

　この場面について、この会話を書いてくれたリサさんは次のようにコメントしています。
　「道を歩いていたり、店の中でブラブラ見ているとき

に、うっかり人にぶつかった。このような場面で、日本ではまるで何事もなかったかのように何も言わない人が多いです。でも、このようなことは多くの国ではとても失礼なことです。相手に謝って、申し訳ないことをしたなという気持ちを示す必要があります。そうしないと、そのことがさらに失礼なことになります」

つまり、ぶつかったことに加え、謝らないことが二重に相手にダメージを与える、というわけです。

もしも、ひどくぶつかった場合は、ちょっと表現を変えましょう。

E: Oops...
　　おっとっと……。
J: Sorry.
　　ごめんなさい。
E: No problem.
　　大丈夫ですよ。

Excuse me.（すみません）が、Sorry.（ごめんなさい）に変化しています。もっとひどくぶつかったら、こんな感じになるでしょう、とリサさんは言っています。

E: Oops...
　　おっとっと……。
J: I'm terribly sorry.
　　申し訳ありません。
E: That's OK.
　　いいですよ。

今度は、terribly を加えて、謝罪の気持ちを強調しています。どちらのケースでも、謝られた相手は、「大丈夫ですよ」「いいですよ」と気さくに許してくれています。もしもあなたに、じゃっかんの心の余裕があるなら、こんな心づかいを示せば、もう完璧です。

Oh, I'm sorry. I didn't see you.
　あ、ごめんなさい。あなたに気がつかなかったんです。
I was looking the other way. Are you all right?
　よそ見をしていたんです。大丈夫ですか？

　こうして、きちんと意思疎通さえできれば、少々の痛みなど吹き飛んでしまうにちがいありません。そういえば日本にも、「袖触れ合うも他生の縁」という気の利いたことわざがありましたっけ。

教訓1

　会話はキャッチボール。当たり前の受け答えを忘れずに。

2 だんまりを決め込む

　会話はキャッチボールであり、簡単な受け答えを怠るだけで、相手に不愉快な思いをさせる、というお話をしました。欧米人は、とてもこまめに Thank you. を言います。これは、小さいときに Thank you. を口にする習慣を母親からたたきこまれるからだそうです。たとえば、こんなふうに。

Child: Mommy, orange juice, please.
Mother: OK. Here you are.
Child:《黙って受け取る》
Mother: What do you say?
Child: ?
Mother: Don't you want to say "Thank you"?
Child: Thank you.
(『「英語モード」で英会話』脇山怜、佐野キム・マリー著より)

　さらに、頼みごとをするときに「魔法の言葉」である please を言い忘れると、こんなふうに母親にたしなめられます。

Child: Mommy, can I have some orange juice?
Mother: What's the magic word?
Child: ???
Mother: Say "please".
Child: Can I have some orange juice, please?

Mother: OK. I'll get you some orange juice. Here you are.

（『英語表現のトレーニング』脇山怜著より）

　さて、この簡単な受け答えや、相手に対する細かい心づかいを怠る態度が高じると、「だんまりを決め込む」という、最悪の状態になります。これは相手の目には、いわば「試合放棄」のように映ります。

　次にあげるのは、ごく身近に起こりうるシチュエーションです。日本人の社員がオフィスでネイティブにコピー機の使い方を尋ねられています。しかし、機械操作の手順を英語で説明する自信がない。その結果、気まずい沈黙が生まれています。この鉛のような沈黙。決して悪気はなくても、相手には致命的な悪印象を与えてしまいます。さっそくご覧ください。

ケース3 コピー機の使い方を聞かれて

BEFORE

E: Can you tell me how to use this copier?
　　このコピー機の使い方教えて。
J:《沈黙》
E: Do you know how to use it or not?
　　これの使い方知ってるの、知らないの？

　ウッと言葉につまり、だんまりを決め込んだ日本人に対して、「知っているのか、いないのか？」という

きつい言葉が浴びせられています。

　このようなときには、とっさの機転で、英語で説明できる人にバトンタッチするのも、ひとつの手ですね。

AFTER

E: Do you know how to use this copier?
　このコピー機の使い方知ってる？

J: Well I'm not sure. Maybe Ken knows. Shall I ask him for help?
　あまり自信ないな。たぶんケンなら知っていると思う。彼に頼んでみようか。

　ご覧のとおり、ごく短い英文しか使っていません。**やさしい、等身大の英語を使うよう心がけてください。いわば「２秒英語」「３秒英語」を連ねるのが、等身大の英語です。**多少たどたどしくてもかまいません。相手は必ず言い終わるまで待っていてくれます。

　もう一度、いまの英文を見てみましょう。

Well I'm not sure.
Maybe Ken knows.
Shall I ask him for help?

　しかし、このように、いつも英語のできるピンチヒッターがそばにいるとはかぎりませんね。次の例は、そうした場合の切り抜け方を示しています。

　今度は、神社でネイティブから簡単な質問を受けた、という設定です。まずは「だんまり」のケースからお

目にかけましょう。

ケース4 神社で質問されて

BEFORE

E: Why do you clap your hands at shrines?
　神社ではどうして手をたたくのですか。

J:《沈黙》

E: Is it the custom at shrines? Do you do it at other places?
　神社でのしきたりなの？ ほかの場所でもするの？

　この会話を書いたリサさんは、次のように述べています。
「質問に対して答えられないときはその旨を言いましょう。沈黙していると相手に対してとっても失礼なことになります」
　リサさんの考えた、日本人用の「切り抜け文句」は以下のとおりです。

AFTER

E: Why do you clap your hands at shrines?
　神社ではどうして手をたたくのですか。

J: Hmm, I've never thought about that. Well, it's our custom. I always do it without thinking. Maybe I should try to find out.
　うーん、考えたこともありません。まあ、習慣です

ね。いつも何も考えずにやっています。今度調べてみますね。

　先ほども言いましたが、短いセンテンスを連ねて、自分で言える範囲の英語を使って答えるのがコツです。長くて複雑な文章を使って言い訳しようとすると、それが新たな沈黙を生みかねません。相手は、なんらかの反応を、つまりボールが返ってくることを期待しているのです。

　また、いまの例のように、「ただいま思案中」というサインの Hmm や Well を間にはさむのは、とても有効です。これが、いわば時間稼ぎにもなります。これだけでも、とりあえずボールを投げ返し（はじめ）たことになるのです。

　時間稼ぎに有効な言葉をいくつかあげておきましょう。とっさのときに、きっと役に立つと思います。気に入ったものをひとつふたつ覚えておいてください。

Let me see.（ええと）
Well, let me see.（ええとですね）
What shall I say?（そうですねえ）
What should I say?（どう言ったらいいかな）
You know.（あのですね）
Let me think.（考えさせてください）
Let me think a moment.（ちょっと考えさせてください）
Give me a moment.（ちょっと時間をください）
Let me collect my thoughts.（考えをまとめさせてください）

次の例は、もう少し高級な話題で、意見を求められた場合です。とっさに答えられないあなたはどうしたらいいでしょう。

ケース5 ヒートアイランドについて意見を求められて

BEFORE

E: What do you think we can do about the 'heat island' problem in big cities in Japan?
　日本の大都市におけるヒートアイランド現象に関して、私たちには何ができると思いますか。

J:《沈黙》

E: Do you understand what I'm talking about or are you just thinking about it?
　私が言っていること理解できますか、それとも、考えているところなの？

「ただいま思案中」のサインを出さなかったばっかりに、鋭く突っ込まれています。もちろん、この会話はリサさんがいささか誇張して書いてくれたものなので、仲のよい友だちどうしなら、こんなに早く相手がキレることはないでしょう。しかし、いかに仲がよくても、なんらかの反応を返すのが最低限のマナーであることに変わりはありません。

さて、もうひとつの切り抜け方は、やんわり相手に同じ質問を返すやり方です。つまり、水を向けてきた

以上、相手はこの話題を取り上げたがっている、と考えるわけです。

AFTER

> E: What do you think we can do about the 'heat island' problem in big cities in Japan?
> 日本の大都市におけるヒートアイランド現象に関して、私たちには何ができると思いますか。
>
> **J: Oh, that's a big problem. I have no idea. What do you think? How can we fix it?**
> ああ、難しい問題ですね。私は何も思いつきません。あなたはどうお考えですか。どうしたら解決できると思う?

これも立派なひとつの切り抜け方です。

ただし、ひとつだけ注意点があります。それは、**質問されたとたんに、何のクッションもなくオウム返しに聞き返すのは失礼だ**、ということです。

つまり、いまの例で言うと、Oh, that's a big problem. I have no idea. のところをすっとばして、いきなり What do you think? と問い返すのはルール違反なのです。I'm asking YOU.(こっちがあなたに聞いているんです!)と相手の怒りを買いかねません。

あくまでも尋ねているのは相手のほうなので、その質問をかわす「ひと呼吸」が必要になります。それが、Oh, that's a big problem. I have no idea. だというわけです。なお、I have no idea. のところは、I really haven't thought much about that.(あまり考えたこと

ないや）のように言うこともできます。あるいは、「正直言って」という、たいへん有効な前置きをはさむこともできます。やってみましょう。

To tell you the truth, I've never really thought about it until now!
正直言って、いままで考えたことなかったなあ。

これだけの「間合い」を入れれば、すでに十分会話は成り立っています。相手はおおいに納得して自説を披瀝(ひれき)してくれることでしょう。この場合も、大原則は、やはり「英会話はキャッチボール」ということです。

教訓2

だんまりは一方的な試合放棄を意味し、相手に対してとても失礼です。すぐに答えが出ないときも、Let me see./Let me think./Give me a moment. などの簡単なつなぎ言葉で時間稼ぎをしましょう。

適当な間合いを入れて、逆に相手の意見を引き出すのも一手です。なんにしても「とっさのひとこと」があなたを救います。

3 意味もなくニヤニヤする

ここまで、簡単な受け答えを怠るのはよくない、だんまりを決め込むのもよくない、と説いてきました。でも、それよりもっと悪いのが「薄笑い」です。「ニコニコ」ならまだしも、「ニヤニヤ」は避けたほうがいい。

われわれは相手に恭順(きょうじゅん)の意を表すために、無意識のうちに薄笑いを浮かべていることがあります（少なくとも、私には自覚症状があります）。ところが、これが思わぬ誤解を招いていることに、なかなか気がつきません。

もちろん英語圏の人も、仏頂面(ぶっちょうづら)で話しているわけではありません。日本人以上に愛想のいい人はいくらでもいます。では、日本人の薄笑いとどこが違うかというと、**彼らの笑顔は、のべつまくなしの笑顔ではなく、挨拶のときとか、目が合ったタイミングとか、もちろん愉快な話題のときとか、どちらかというとピンポイントの笑い（コントロールされた笑い）なのです。**これに対し、張りついたような笑い、意味もなく続く薄笑いは彼らの目には不可解なものに映るようです。

これは文化の違いであって、一概に日本人が悪い、欧米人はすばらしい、という問題ではありません。ただ、相手に恭順の意を示しているつもりが、思いがけない誤解を招いている場合もある、ということは認識しておいたほうがよさそうです。

次にお見せするのは、レストランのウェイターの薄笑いが、外国人客の怒りを買っている場面です。

ケース6 客から注文ミスを指摘されて

BEFORE

E: This is not what I ordered.

　　これ注文したものと違うんだけど。

J: Oh, I'm sorry. I will check now.《with a smile on his face》

　　申し訳ありません。ただいま調べます《と言いつつ顔では笑っている》。

E: Why are you laughing? I'm making a complaint.

　　なんで笑うの？ 私は文句を言ってるんですよ。

J: Oh, was I smiling? I'm sorry.

　　あ、笑っていましたか。失礼しました。

E: Why do you laugh? Do you really feel sorry about this mistake? You shouldn't smile.

　　なぜ笑うの？ 間違いに対してほんとうに申し訳ないと思っているの？ そういうときは笑うべきじゃないわ。

　このように、意味のない笑いは不幸な誤解のもとになることがあります。とくに笑いのタイミングが悪かったり、笑い方がまずいと、相手は自分が侮辱されたように感じるのです。

　この外国人客の場合もそうです。彼女は「自分が見くびられた」と感じて怒っているのです。相手を見くびるから笑う、という感覚はわれわれにはありません

から、これが大きな誤解を招くのは無理もないことです。

では、さっそく治療例を見てみましょう。

AFTER

E: This is not what I ordered.

　これ注文したものと違うんだけど。

J: Oh, I'm sorry. I will check now.《apologetically》

　申し訳ありません。ただいま調べます《申し訳なさそうに》。

E: Thanks very much.

　ありがとうございます。

J: It's my pleasure and I'm sorry about the mistake.

　どういたしまして。ご迷惑をおかけしました。

なんのことはない、薄笑いをやめて、真摯に対応しただけですね。

ちょうどいい機会なので、ここで謝るときの決まり文句をご紹介しておきましょう。例によって、あなたの言いやすい表現を覚えておくと、とっさのときに役立つでしょう。いや、もしかしたら、あなたの危機を救ってくれるかもしれません。

Excuse me.（単純に謝るとき）
I'm sorry.（自分の非を認めて謝るとき）
I'm (so/very/terribly/awfully) sorry.（深く陳謝するとき）
Forgive me.（許しを請うとき）
It's my fault.（自分が悪かったことを言葉で認める場合）

I don't know how to apologize enough to you.（お詫びのしようもありません）

これに対して、「いや、いいですよ」と相手を許す言葉には、次のようなものがあります。

That's all right.（大丈夫ですよ）
All right.（大丈夫）
OK.（だいじょ〜ぶ！）
Never mind.（気にしないで）
Don't worry.（気にしなくていいよ）

> **教訓3**
>
> 　筋肉のゆるんだしまりのない薄笑いは自粛しましょう。とんだ誤解を受ける可能性があります。
> 　でも、ピンポイントの魅力ある笑顔は、おおいに練習して実際の会話に活かしてください。とりあえず、10秒間に5回笑顔をつくる練習を1日3回やりましょう。ただし、真顔に戻す練習もお忘れなく。

4　相手の目を見ないで話す

　これは日本人どうしの会話にも言えますが、話すとき、聞くときに目を合わせない人がいます。キョロキョロ左右に目を泳がせて会話をするのは、とても落ち着きなく感じられ（あるいは話に集中していないように感じられ）、相手に対して失礼です。逆に、穴の開くほど相手の目を見つづける人もいますが、その視線がうっとうしく思われるケースもあります。

　ふだんあまり意識に上りませんが、言われてみると、意外にデリケートなのがこの目線の問題です。英語圏の人との会話でも、この目線のやり方がトラブルの原因になることがあります。こんな具合に……。

ケース7　週末のテニスに誘われて

BEFORE

E: We are going to play tennis next Saturday. Would you like to come with us?
　　今度の土曜日にテニスをする予定だけど、あなたもいっしょにどう？

J: Well it sounds nice. If I can finish my job by Friday, I would be glad to.
　　いいわね。金曜日までに仕事を終わらせることができれば、喜んで。

E: What's wrong?
　　どこか具合でも悪いの？

第1章　これが英会話の基本ルール！　　39

J: Nothing! Why?
   べつに。なんで？

E: Oh, you just won't look at me. I thought you might be upset about something.
   ぜんぜんこっちを見ないんだもん。何か怒っているのかと思ったよ。

　この会話では、テニスの誘いに対して、目をそらしたまま答えているために、相手に不信感をいだかせています。

　英語に自信がない場合や、とくに聞き取りに苦手意識をもっている場合、とかく目を伏せがちになります。しかし、**相手が話しているときにしっかり相手の目を見るのは会話の基本マナーですし、自分が話すときにもアイコンタクトを忘れると、相手の心をとらえることができません。会話はふたりの共同作業なのです。**

　では、今度はきちんと相手の目を見て話している場合を見てみましょう。

AFTER

E: We are going to play tennis next Saturday. Would you like to come with us?
　今度の土曜日にテニスをする予定だけど、あなたもいっしょにどう？

J: Well it sounds nice. If I can finish my job by Friday, I would be glad to.《looking at her》
　いいわね。金曜日までに仕事を終わらせることができれば、喜んで《ちゃんと相手の顔を見つめなが

ら》。

E: Great. I really hope you can come. It'll be great fun.
　よかった。ぜひ来てね。きっと楽しいよ。

　テニスの誘いには即答を避けているにもかかわらず、相手はご機嫌ですね。ちゃんと会話が成り立った証拠です。言葉には表れない要素ですが、このアイコンタクトは、じつは会話の重要な要素のひとつなのです。
　次の英文を読んでください。

She couldn't look me straight in the eye.

　文字どおりの意味は「彼女は私の目をまっすぐ見ることができなかった」ということですが、この文には隠された意味があります。すなわち、「彼女はウソをついて、それを私に隠していた」ということを暗に表しているのです。まさに「目は口ほどにものを言う」ですね。
『非言語コミュニケーション』（マジョリー・F・ヴァーガス著）という本によると、会話時の目線には、だいたい次のような暗黙のルールがあるようです。

①一方の人が語りはじめるときには、まず相互に目で確かめ合う。
②話している間は、あまりジロジロ相手を見ない。
③一連の話を終えたら、相手の反応をチェックした

り、次は自分が聞き手にまわるという合図を送る
　ため、相手の目を見る。
④聞き手の側は、相手の話が終わるころに、次は自
　分が話すという合図に、視線を合わす。

　この説明は、問題点がとてもよく整理されていると思います。じっとりと見つめつづけるのも不自然ですし、いつまでも目をそらしているのも相手に失礼です。そこで、**会話の要所要所でお互いの視線を合わせると、それが会話の進行をうまくコントロールしていく**、というのです。不自然でなければ、聞き手になったときは、なるべく相手の目を見て、話についていっているというサインを送るのがいいと思います。

　このとおりに実行するのは難しいとしても、こんな会話のルールを知っておくことは、役に立つのではないでしょうか。ネイティブ相手に試す前に、ふだんの日本人どうしの会話で練習してみてください。意識しすぎると不自然になるので、それとなくやってください。

　もしも相手の話についていけなくなったら、その時点でストップをかけるのは、なんら失礼なことではありません。わかっていないのにわかったフリをして聞き流すよりずっと良心的です。そんなときの決まり文句はこうです。

I'm sorry, you've lost me just now.
　すみません。いまのところ、わからなかったんですが。

これはおもしろい言い方ですね。直訳すると、「すいません。たったいまあなたは私を見失いましたよ」となります。もちろん、もっと端的に「いまのところ、もう一度くりかえしてください」と頼むこともできます。

Sorry, could you repeat that?
　すみません。もう一度おっしゃってください。

　さて、ここまで述べてきたのは、ふたりきりの会話の場合です。グループで会話する場合、仲間内で人気のある人は、平等に数秒ずつ、みんなの目を見ながら話すと言います。たしかに、グループで人気のある人は、話のうまさだけでなく、目線の動かし方もうまいものです。
　私はときどき講演をする機会がありますが、やはりなるべく多くの聴衆に視線を向けるように心がけています。

教訓4

　相手の話を聞くとき、目をそらしっぱなしはいけません。といって、じっと見つめる必要はありません。要所要所で目を合わせましょう。会話はふたりの共同作業なのです。

5 相手にわからない日本語をつぶやく

ネイティブがイライラすることのひとつに、話をしている日本人が突然、日本語をつぶやく、というのがあります。何を言っているのかわからないため、非常に不信感をもつようです。

すでに書いたように、会話はふたりの共同作業です。突然相手のわからない言葉を口にすると、自分だけの部屋をつくったような、煙幕を張ったような感じを与え、相手には居心地の悪い思いをさせることになります。相手に聞かれたくないことを日本語でつぶやいたように感じられるからでしょう。

さっそく会話例を見てみましょう。

ケース8 狛犬の前で

BEFORE

E: What do these statues represent?
　これらの像は何を表しているんだい？

J:《日本語で》狛犬って、たしか犬じゃなくて獅子だったなあ。...It's a pair of lions.
　……獅子です。

E: Oh, I see. And is there any meaning?
　ふうん。で、どういう意味があるの？

J: 急にそんなこと聞かれてもなあ……。

E: Is there any meaning?《repeats again because E thinks J didn't hear him.》

何か意味があるの？《質問が聞こえなかったのかと思ってもう一度聞きなおす》
J: Yes, yes. なんて説明すればいいかなあ……。
うん、うん……。
E: You don't know the meaning, or are you just trying to explain? Sorry I can't understand Japanese!!
意味を知らないのかい、それとも説明をしようとしているの？ 悪いけど、こっちは日本語わからないんだよね！

　とっさに言葉につまり、つい日本語が出てしまう。われわれには同情できるシチュエーションですが、知らぬうちに相手に不愉快な思いをさせていることは、やはり自覚すべきでしょう。
　英語で説明できない場合は、正直にそう言えばいいのです。日本人なのに日本のことを知らないというのは、よくあることです。それを愛国心が足りないとか自尊心が足りないと大げさに非難する人がいますが、だれだって知識の穴はあるものです。そう考えるほうが、妙に自虐的になるより謙虚でいいのではないでしょうか。
　では、謙虚な答えが好感をもたれた例をお見せしましょう。
　なお、「狛犬」は正確には lion のことではありませんが、ここでは立ち入った説明は避けたいと思います。英語では、a pair of stone guardian dogs などと表します。

AFTER

E: What do these statues mean?

　これらの像は何を表しているんだい？

J: Well, it's a pair of lions.

　ああ、獅子なんですよ。

E: Oh, I see. And is there any meaning of those animals?

　ふうん。で、この動物には何か意味があるの？

J: Yes, but it's difficult for me to explain.

　うん、あるんだけど、難しくてぼくには説明できないなあ。

E: OK, never mind. They look pretty cool anyway!

　気にしないで。どっちにせよ、なかなかカッコいいじゃないか！

　この項では、とっさに日本語を口にするのは、英会話のルール違反だという話をしていますが、これが英語で進められている会議の席上だと、ネイティブたちはいっそう不快に感じるようです。日本人どうしの秘密の談合を始めたように思うからです。

　話は少し横道にそれますが、この本の読者のなかにはビジネスで英語を使わなくてはならないという方もいらっしゃると思いますので、「ネイティブが嫌う日本人の会議マナー10カ条」というのをご紹介しておきましょう。何かのときの参考になると思います。

●ネイティブが嫌う日本人の会議マナー
①だれが決定権者なのかわからない。
②決定権者が出席していない。
③会議の目的や議題が明示されない(たんに挨拶のための会議すらある)。
④会議の進行(時間設定)や出席メンバーが明確でない。
⑤肝心なところにくると「社に持ち帰って検討します」と言ってはぐらかす。
⑥質問もせず、意見も言わない人がいる。
⑦人の話を聞いているのかもわからず、寝ているように見える人がいる。
⑧会議中何度も席をはずす人(とくに管理職)がいる。
⑨ときどき(しばしば)日本人どうしで日本語で話す。
⑩結論のないまま、今後のタイムスケジュールも決めずに会議を終える。

いかがでしょう。やはり日本人どうしのコソコソ話はウケがよくないようですね。
なお、会議中に相手の言うことが理解できなかったときに、ストップをかけるのはルール違反ではありません。むしろ、誠実に話を聞こうとしている現れであると評価されます。また、自分の意見をさしはさみたいときは、次のように言えばいいでしょう。

May I interrupt?
　口をはさんでいいですか。

Can I stop you for a moment? I'd like to say something.
>ちょっとストップしていいですか。言いたいことがあります。

それから、どうしても日本人どうし、日本語で話し合う必要が生じた場合には、その旨をまず英語で断るべきでしょう。次のような文句が使えると思います。

Excuse us for a moment. We need to speak in Japanese. We just need to check some points.
>ちょっとすみません。日本語で話す必要があります。いくつかのポイントを確認しなければならないからです。

この前置きがあれば、相手側に不愉快な思いをさせずにすむでしょう。いや、「この会社の人たちは他社とは違う会議のマナーがきちんとしているな」と思わせることすらできるかもしれません！

教訓5

会話の途中で日本語をつぶやくのはやめましょう。とくに会議の席上で日本人どうしでコソコソやるのは、相手にとても不快感を与えることを覚えておいてください。会話も会議も、双方の共同作業であることをお忘れなく。

第2章

そんなに緊張しないでください！

1 自分の英語の間違いを直そうともがく（相手にはもう通じているのに）

　これは、英会話に慣れていない人が陥りやすい「どつぼ」のひとつです。私もネイティブを前に、さんざんやりました。すなわち、何かを言ったとたんに自分のミスに気づき、あわてて言いなおすクセのことです。

　たとえば、Do you free this afternoon? と聞いてからすぐにミスに気づき、あわてて <u>Are</u> you free this afternoon? と言いなおす、といった具合です。

　しかし、多少の文法ミスを犯したとしても、英語のプロであるネイティブにはもう通じています。あまり神経質に自分のミスを直そうともがくのは見苦しいし、会話の興(きょう)をそいでしまいます。

　大事なのは、通じているかどうかです。通じていない場合は、何か致命的なミスを犯したのでしょう。そのときは、もう一度、自分の言ったことを吟味したり、あるいは別の言葉で言いなおす必要があります。たんに発音（あるいはアクセント）を間違えただけでも、通じないときは通じません。

　しかし、通じているならもういいじゃないですか。次のときに正しく言えれば……。

　次の会話をご覧ください。レストランでの注文のシ

ーンです。すでに十分通じているのに、ひとりでもがいています。それが、ウェイターの貴重な時間を奪っていることにも気づかずに……。

ケース9 飲み物の注文を聞かれて

BEFORE

E: What would you like to drink?
　　お飲物は何になさいますか。

J: I would like to have coffee, oh no, a cup of coffee please.
　　コーヒーをお願いします。いや、1杯のコーヒーをお願いします。

E: With sugar and milk?
　　砂糖とミルクを入れますか。

J: Yes, I would like to have sugar and milk and coffee. Ah, with the coffee.
　　はい、砂糖とミルクとコーヒーをお願いします。えーと、コーヒーに入れてください。

E: So! You want coffee white with sugar?
　　それでは、ミルクと砂糖入りのコーヒーが欲しいんですね。

J: Yes, please.
　　はい、お願いします。

E: How many sugars?
　　砂糖はいくつ入れますか？

J: Two spoons of sugar, please.

小さじ2杯ほどお願いします。

　リサさんの書いたシナリオはここで終わっていますが、このあとこの日本人は最後の言葉の間違いにも気づき、Ah, two spoons [spoonfuls] of sugar. と言いなおしたにちがいありません。たしかに、むかし教科書でそんな表現を習いました。

　でも、次の修正後の会話を見てください。たんに Two please! で立派に通じています。

AFTER

E: What would you like to drink?
　お飲物は何になさいますか。

J: Coffee, please.
　コーヒーをお願いします。

E: With sugar and milk?
　砂糖とミルク入りですか。

J: Sure, thank you.
　はい、お願いします。

E: OK, so coffee white and sugar! How many?
　では、ミルクと砂糖入りのコーヒーですね。砂糖はいくつ入れますか。

J: Two please!
　ふたつお願いします。

　まず、With sugar and milk? という問いに対しては、Sure, thank you. だけで用を足しています。先ほどの会話に戻りますと、相手が了解しているのに、わざわ

ざ Yes, I would like to have sugar and milk and coffee. Ah, with the coffee. なんて言いなおして、おまけに勝手にどつぼにはまる必要なんてなかったのです。

ここにも「会話は双方の共同作業」という原則が生きています。相手が、With sugar and milk? と注文内容を言ってくれているわけですから、それを言いなおす必要はなく、ただ、Yes. とか Sure. と確認するだけでよかったのです。

最後の砂糖のところもそうですね。How many? と数を聞かれたので、Two. と数を示してやれば、それで立派にふたりの間の会話は成立しているのです。

そう考えると、**会話は一種のジグソーパズルのようなもの、ふたりで協力して組み立てていく積み木のようなものなのです**。いちいち自分で全部を組み立てなおす必要はありません。

次のレストランでの会話例をご覧ください。最小限の受け答えで、すべてがスムーズに進行しています。

E: May I take your order, sir?
　　ご注文を承ります。
J: Yes. A small salad, please.
　　スモールサラダをお願いします。
E: Do you want any sweets?
　　甘いものはいかがですか？
J: Ice cream, please.
　　アイスクリームをお願いします。

この会話には、ムダな要素がひとつもありません。ということは、みごとに双方で補い合って、会話を成り立たせているということです。あたかもジグソーパズルのピースを、お互いにひとつずつはめ込んでいるように見えます。このような会話なら、スムーズに進むし、だいいち、ミスを犯す恐れもありません。

　もちろん、会話がすべてこのような「2秒英語」や「3秒英語」で片づくわけではありません。ですが、最初に言いましたように、通じていればもうOK。ミスに気づいたら、次回同じミスをくりかえさぬよう頑張ればいいのです。

　「ミスに気づいた」ということは、すばらしいことです。それを、いま直さないと沽券にかかわる、と堅苦しく考えるのはやめましょう。その堅苦しさ、心の窮屈さが必ず相手にも伝わり、ギクシャクした会話になってしまいます。

　どうせネイティブのように話すことはできないのですから、無理にいい格好をする必要はないのです。

●サイゴン逃避行

　次にお見せするのは、旧北ベトナム生まれの大学教授ルエン・クワン・ダン氏が、大学教師をしていたサイゴンから逃れ、命からがら米国に脱出したときの模様を語った談話の一部です。

　彼の英語にはいくつかの文法的なミスがありますが、彼はいちいち言いなおしたりしていません。そんなことより、脱出時の緊迫した様子がひしひしと伝わ

り、聞く人をとらえて離しません。彼の稀有な体験が100パーセント、いや150パーセント伝わってきます。

When we came to the house of fishermen, we have［正しくは had］to camouflage. We had to wear torn clothes, and with barefoot［正しくは go barefoot］, so the local people would not realize us coming［正しくは realize that we had come］from Saigon.

漁師の家に着いたとき、カムフラージュしなくてはなりませんでした。私たちは破れた服を着て、裸足で歩き、サイゴンから来たことを土地の人に気づかれないようにしたのです。

(『活剣武士のリスニング道場』E・カッケンブッシュ著より)

この決死の逃避行の話を聞きながら、「barefoot は副詞ですから、with barefoot とは言えないんじゃないでしょうか」なんて茶々を入れる人がいたとしたら、その人の神経はどうかしています。大事なのは文法が正しいかどうかではなく、会話の中身なのです。

教訓6

相手にすでに伝わっているなら、些細なミスを直そうともがく必要はありません。もっと話の中身に集中しましょう。

2 相手の言ったことを頭の中で訳さないと気がすまない

　私も英語を習いはじめて以来ずっと、このクセが直りませんでした。すなわち、「相手の言ったことをいちいち訳さないと、理解したことにならない」という思い込みです。

　たとえば、相手が I feel uncomfortable when I have to make eye contact. と言ったとします。これを聞きながら、「心地悪い思いをしているんだ、どういうとき？　アイコンタクトをとらなくてはならないときか、そうか」なんて、いちいち訳さないと気がすまない。

　でも、考えてもみてください。相手は、あなたが訳し終わるまでいちいち待っていてくれるでしょうか。おそらく、あなたが最初の文を訳している間に、相手は次の次の文まで進んでいるはずです。これで、会話がうまく進むとはとうてい思えません。

　いや、事はもっと深刻です。**ほんとうは最初の一文すら、訳すことは難しい**からです。

　I feel uncomfortable までを聞いて、「uncomfortable？ ああ、comfortable の反対ね。つまり心地悪いのだな」などとモゾモゾやっているうちに、相手はもう次の文に移っています。つまり、あなたはたったの一文だってきちんと訳すことなど不可能だということです。だから、**相手の英語を訳さないと応答できない、と考えているかぎり会話は成立しません。**

　では、この「訳さなきゃ症候群」に陥った人の会話例を見てみることにしましょう。

ケース10 会話がなかなか進まず

BEFORE

J: Is this your first time visiting Japan?
　　日本を訪れるのははじめてですか。

E: No. I've been here when I was a child, but was too little to remember.
　　いいえ、子どものときに来たのですが、小さすぎて覚えていないんです。

J:（子どものころに来たことがあるけれど、小さすぎて覚えていないということだな。小さいっていくつぐらいだったんだろう）
　　...Oh, how old were you then?
　　……そのときはおいくつでいらしたんですか。

E: I was only three years old so I have no memory.
　　まだ3歳だったんです。だから覚えていないんですよ。

J:（そうか3歳か、それじゃ覚えていないのも無理ないな）
　　...I see.
　　……そうなんですか。

E: Are you trying to translate each word into Japanese? Try not to translate and to think in English. Just focus on the key words.
　　もしかして、いちいち日本語に置き換えようとしているんですか？ 訳そうと思わないで英語で考えるようにしてごらんなさい。キーワードに集中すると

いいよ。

「キーワードに集中する」というのは、こういうことです。まず最初の文なら、child と too little to remember に着目する。すると、「子どものとき／小さすぎて記憶なし」というふたつの要点をキャッチすることができます。

ふたつめの文なら、three years old だけで十分です。「3歳のとき」の部分を了解します。

ありがたいことに、**キーワードは必ず強く発音されます。ですから、相手の語調を追っていって、強く発音されている部分を拾い上げていく、という聞き方に変えるだけで、ずいぶん聞き取り能力は上がるのです。**

では、キーワードの聞き取りに徹した、修正後の会話例を確認しましょう。

AFTER

J: Is this your first time visiting Japan?

日本を訪れるのははじめてですか。

E: No. I came here when I was a child, but I can't really remember anything.

いいえ、子どものときに来たのですが、何ひとつ覚えていないんですよ。

J: Oh, how old were you then?

そのときはおいくつでいらしたんですか。

E: I was only three years old so I don't remember it at all.

まだ3歳だったので、まったく記憶がないんです。

J: Why did you come here?
　なぜいらしたんですか。
E: Father's business.
　父の仕事です。
J: I see. What does he do? 《continue》
　なるほど。で、お父さんのお仕事は何ですか《会話続く》。

　ね、スムーズに進んでいるでしょう？
　しかし、「訳さずに聞く」というのは、実際にはとても難しいことです。一朝一夕にはできるようになりません。そこで、実際にネイティブ相手の会話をする前に、ＣＤ教材などを用いて、「訳さずに聞く」練習をしておくとよいでしょう。これが、リスニングの奥義なのです。

●リスニングの奥義
　私はこのことを、46歳ではじめてTOEICを受けたときに悟りました。
　そのとき私はまだ会社に勤めていて、毎日帰宅が夜中の零時を過ぎる激務の真っ只中でした。TOEIC受験を決めたものの、準備をする時間はまったくなく、あっというまに前日の深夜になっていました。恐る恐るアルクの『TOEIC 模試』を開き、ＣＤを聞いてみたのですが、機関銃のような英語に圧倒され、なすすべもありませんでした。
　しかし、なぜ聞き取れないかをよく考えると、自分が一文一文訳そうとしていることに気づいたのです。

TOEIC の機関銃のような英語を、頭の中で同時通訳できるわけがありません。こうして、私は TOEIC 攻略の糸口をつかんだのでした。

さて、「キーワードに集中して聞く」というリスニング法の利点は、頭から訳そうとせず、全体を虚心坦懐に聞こうとする、という点にあります。どこが強調されているかな、と思いつつ、相手の言葉を最後まで聞き取る、あるいは**戦略的に聞き流す**のです。

これは英語という言語の特質なのですが、「**その文での新情報は、文の中盤から後半にかけて出現する**」という法則があります。ですから、「頭から訳す」という聞き方は、私に言わせれば愚の骨頂ということになります。いちばん肝心なところを聞き逃す可能性が高いからです。**訳そうとするクセを滅却することこそ、リスニング成功のカギ**なのです。

たとえば、相手が I feel uncomfortable when I have to make eye contact. と言ったとします。この文の正しい聞き方は、I feel uncomfortable と when I have to make eye contact のふたつのパートを「かたまり」として聞くこと（頭から訳そうとすると、ふたつめのかたまりが聞こえません）。そして、キーワード（強く発音されるところ）を意識し、これを記憶にとどめるようにすること。この２点です。**知らない単語が出てくるかもしれませんが、あわてて頭の中の辞書を開こうとせず、とにかく文全体を聞き終わるまで待つ**。すると、たとえわからない単語があっても、相手の強調点は伝わってくるものなのです。

先ほどの文の場合ですと、「アイコンタクトをとら

なくてはならない」のところで、相手は不快そうな顔をします。だいいち、have to が使われているので、「何か堅苦しい思いをしているな」ということがわかります。すると、「アイコンタクト＝めんどくさい」という相手の真意が伝わってきます。やはり文の意味上の力点は「アイコンタクトをとらなくてはならない」という後半にあるのです。

冒頭の uncomfortable のところで、「comfortable の逆だから、えーと」なんてやっていると、肝心の文の後半部を聞き逃してしまう。このことに気づけば、リスニングの仕方は変わります。革命的に変わるのです。

よく「英語は文全体ではなく、頭から訳しましょう」と力説する人がいます。しかし、私はこう言いたいのです。「文を訳しながら聞くのは、金輪際やめましょう」と。

教訓7

キーワード（強く発音されるところ）に集中しながら聞きましょう。決して訳そうとせず、とにかく文の最後まで聞き取りましょう。頭の中の辞書を開くのはやめましょう。キーワードが聞き取れなかったら、もう一度言ってもらいましょう。意味のわからないキーワードは、わかりやすく説明してもらいましょう。ＣＤを使って「訳さず聞く」練習を積みましょう（私はたったひと晩で、革命的に進歩することができました）。

あなたも「訳さなきゃ症候群」から脱却してください。

3 抑揚がない（会話なのになぜか棒読み）

　英語には英語特有のリズムがあります。それが、イントネーションです。その基礎となる単語のアクセントですが、日本語は**「高低アクセント」**（pitch accent）で、音の上げ下げでアクセントをつけます。「箸」と「橋」、「今」と「居間」の違いで確認してください。強弱ではなく、音の高低で意味の差を表しているのがわかると思います。

　これに対し、英語は**「強弱アクセント」**（stress accent）です。たんなる上げ下げではなく、強く読むか弱く読むかでメリハリをつけるのです。

　日本人は、概して個々の単語の発音には気をつかいますが、アクセントや文のイントネーションにはさほどの関心をもちません。

　こんなエピソードがあります。ある人が赤ちゃん連れの若いアメリカ人夫婦をステイさせました。精一杯のもてなしをして、いざ就寝時刻になったとき、アメリカ人の奥さんが突然**「ペァーンパス」**と騒ぎ出しました。それが何を意味するのか、ホスト夫婦は最後まで理解することができませんでした。やっと理解したのは、米国人夫婦が無念の帰国をしたあとだったのです。**「ペァーンパス」**は「パンパース」のことだったのです。しかし、わかったときにはすでにあとの祭り。「ほんとうに悪いことをしたなあ」といくら悔やんでも悔やみきれなかった、と彼らは言っています。

　このように、ちょっとアクセントの位置や強さが違うだけで、われわれにはまったく別の単語に聞こえて

しまいます。逆に言うと、われわれの英語も相手には通じていない可能性がおおいにある、ということです。とくにカタカナ語として定着している外来語は要注意です。

たとえば「パターン」は正しくは「**パタン**」ですし、「キャリア」は「**カリア**」です。はたして日本風のアクセントでちゃんと通じているか、保証の限りではありません。たとえば、「**キャリア**」という発音だと、「保菌者」などというとんでもない意味になってしまいます。キャリア・ウーマンなんて恥ずかしくて言えません。

アクセントだけでもこのありさまですから、文全体のイントネーションとなると、もうお手上げに近い。なかでもいちばんよくないのは、イントネーション抜き、すなわち抑揚のない「棒読み英語」です。英語圏の人には、"ソースのないスパゲッティ"のように、味気ない英語に聞こえてしまいます。

では、実際の会話例で確かめてみましょう。

なお、/ /で囲んだ部分は、抑揚のない「棒読み英語」を表しています。わざと全文小文字で表記して、「棒読み英語」の雰囲気を出したつもりです。

ケース 11　ランチに誘われて

BEFORE

J: /let's go and eat lunch./
　　ランチを食べに行きましょう。

E: That's a good idea.
　　いいねえ。
J: /which would you like, japanese food or chinese?/
　　和食と中華、どっちがいいですか。
E: I would love to eat Japanese food, but are you all right? You sound tired and bored.
　　和食がいいけど、あなた大丈夫？ 疲れ果ててうんざりしているように見えるよ。
J: /yes, i'm all right. why do you ask?/
　　大丈夫です。どうしてですか。
E: Your tone of voice sounds very tired. There's no accent nor stress. For me, it sounds like 'okyo' at a temple.
　　声が疲れているみたい。言葉に抑揚も張りもない。まるでお寺のお経のように聞こえるよ。

　おそらくこの日本人は、正しい英語を口にするのがやっとで、それを英語らしいイントネーションで言うところまで神経がまわらなかったのでしょう。しかし、相手のネイティブの反応はどうでしょう。彼女の健康状態（心理状態）を本気で心配しています。「棒読み英語」は、ネイティブにとっては「ありえない英語」なのです。
　では、修復後の会話をご覧ください。できれば、抑揚をつけて読んでみてください。会話はとんとん拍子に進んでいます。今後ふたりはもっともっと仲良しになるでしょう。

AFTER

J: Let's go and eat lunch.
　ランチを食べに行きましょう。
E: That's a good idea.
　いいねえ。
J: Which would you like, Japanese food or Chinese?
　和食と中華、どっちがいい？
E: I love Japanese food.
　和食大好きです。
J: OK. Then I'll take you to one of my favorite restaurants.
　それじゃ、お気に入りのお店に連れてくよ。

　先ほども言いましたが、概して日本人は単語の発音にはある程度、注意を払いますが、アクセントや文の抑揚までは手がまわりません。しかしネイティブは、「発音違いはなんとか想像がつきます。でも、アクセントや抑揚が違うとお手上げです」と言うのです。例をあげましょう。

　Water was dripping from the バルブ.

　と日本人が言ったとします。「バルブ」は bulb に発音が似ているので、Water was dripping from the bulb. と聞き取ったとすると、意味は「電球から水がしたたり落ちていた」となります。なんだか、手品師のイリュージョンみたいです。

　でも、ネイティブなら、「バルブ」は valve の日本

読みであることを察知して、「水が弁（バルブ）からしたたり落ちていた」と正しく解釈するでしょう。いちいち、「ひょっとして、valve のことですね」などと確認すらしないかもしれません。なにしろ、相手は英語のプロなのですから。もしも valve が「蛇口」のつもりなら、「正しくは faucet（英国なら tap）と言うんですよ」と親切に教えてくれるかもしれません。

　ところが、たとえば、Why didn't you tell her?（なぜ彼女に言わなかったの？）という文を、強調する箇所を変えて読むと、まったくニュアンスの異なる文になってしまうのです。やってみましょう。大文字のところが強調する箇所です。

①WHY didn't you tell her?
　　彼女に言えばよかったのに、なぜ言わなかったの？
②Why DIDN'T you tell her?
　　彼女に言わなかったんだね。なぜ？
③Why didn't YOU tell her?
　　キミが彼女に言うはずだったんじゃないの？

まことに「イントネーション恐るべし」です。
　そんなわけで、発音違いくらいはまだカワイイ、抑揚を間違えたらもう取り返しがつかない、とネイティブたちは言うのです。

教訓8

「棒読み英語」は英語ではありません。日本語と英語は、アクセントの特徴が異なることを理解しましょう。英語は「強弱アクセント」です。また、「発音違いはまだ救いようがある。アクセントやイントネーションを間違えるとお手上げだ」というのがネイティブの率直な意見です。イントネーションの重要性を再認識しましょう。

4　感情を殺してロボットみたいに話す

「棒読み英語」は、しばしば無感情の現れととられてしまいます。感情がないから（気持ちが乗っていないから）抑揚がなくなってしまうのだと。

ほんとうは違うかもしれません。抑揚をつけて言う術を知らないのかもしれないし、そもそも抑揚がそんなに重要だという認識がないのかもしれません。

いずれにせよ、抑揚のない英語の一歩先には、無感情な会話、ロボットみたいな会話という悪印象が待っているのです。

もうひとつ、無感情と受け取られる話し方があります。それは「ぶっきらぼう英語」です。木で鼻をくくったような表現とでも言いましょうか、とにかく取りつく島のない話し方が「ぶっきらぼう英語」なのです。

例を示すと、こんな感じです。

ケース12　ボーリングに誘われて

BEFORE

E: We are planning to go bowling this weekend.
　　週末にボーリングに行こうと思ってるんだ。

J: Yes.
　　うん。

E: How about coming with us?
　　いっしょにいかが？

J: No, thank you.

いいえ、結構。
E: Are you busy?
　　　忙しいの？
J: Yes.
　　　ええ。
E:(Wow, that person is interesting!!!!)
　　（あら、変わった人ね！）

　この短い受け答えだけで、相手はあきれ果てています。that person という表現に、「完全にお手上げ」という気持ちがよく現れていますね。

　よく英会話はカタコト英語でＯＫ、と大声で言っている本があります。全編カタコト表現のオンパレードで、これで英会話卒業とでも言いたげな本です。しかし、何を聞かれても「うん」や「いや結構」では、どんなに相手が辛抱強い人でも我慢の限界を超えてしまいます。たとえ英語がヘタでも、相手が血の通った人間だと思うから我慢もしてくれるのです。その相手が「ロボット英語」では、会話を楽しむどころではなくなります。

　というわけで、ぶっきらぼうにならないためには、ほんの少しの工夫、すなわち、たったひとことでもいいから自発的な発言が必要なのです。

　とくに、No, thank you. は冷たい言い方です。相手の好意を踏みにじる響きをもっているので、要注意です。たとえば、相手が助力を申し出てくれたとしたら、冷ややかな No, thank you. ではなく、せめて No, I'm OK.（いいえ、大丈夫）とか、Thanks, but no thank you.(ありがとう、でも結構です)といった、含みのある答えをしたいものです。

話を戻しましょう。会話は双方の共同作業。どちらもが先に進める努力をして、はじめて会話が成り立ちます。修正後の会話を見てみましょう。

AFTER

E: We are planning to go bowling this weekend.
　　週末にボーリングに行こうと思ってるんだ。

J: Oh, it sounds fun.
　　あら、楽しそうね。

E: How about coming with us?
　　いっしょにいかが？

J: I'd love to, thanks, but I'm afraid I'm already booked up.
　　ありがとう、行きたいわ。でも残念ながら先約があるの。

E: I see. Maybe next time then.
　　そう、じゃあ次回ね。

J: Have a good time.
　　楽しんできてね。

E: Thanks, you too.
　　ありがとう。あなたこそよい週末を。

ぶっきらぼうな Yes. の代わりに、Oh, it sounds fun. と感情を表に出しています。

また、冷たい No, thank you. の代わりに、I'd love to, thanks, but I'm afraid I'm already booked up. と気

持ちを表明しつつ、自分の事情を説明しています。結果的に、ボーリングの誘いには応じられませんでしたが、次回の参加を約束して、気持ちよく会話を終わらせています。

● ぶっきらぼうにならないために

では、どうしたらぶっきらぼうにならないですむのでしょう。ここで英会話の達人、東後勝明先生のアドバイスに耳を傾けてみましょう。

いわく、ぶっきらぼうにならないための工夫は、日本語で考えてみればいい。たとえば、What did you buy?（何を買ったの？）と聞かれて、そっけなく、A couple of ties.（ネクタイを2本）とか、I didn't buy anything.（何も）と答えることもできます。しかし、日本語の会話の場合でも、「お店なんか行ってないよ」とか「現金の持ち合わせがなくてね」など、いろいろな答えのバリエーションが考えられる。その自由な発想を英会話に活かせばいいのです。こんなふうに。

① I haven't been to the shop.
　　お店なんか行ってないよ。
② I had no cash.
　　現金の持ち合わせがなくてね。
③ Guess what I bought.
　　何を買ったか当ててごらん。
④ Think what day it is today.
　　今日は何曜日だと思ってるの？
⑤ These are all empty bags.

これは袋だけよ。

⑥ You can't have anything today. OK?

今日は何もあげられないわよ、いいこと？

（『一歩すすんだ英会話』東後勝明著より）

ちょっと補足すると、④は今日は休店日だったことを暗に言っています。⑤は何も収穫がなかったことを示しています。そして、⑥はいつもどおりお裾分けができるほどの成果がなかったことを暗に伝えている、というわけです。

こんなふうに会話を一歩進める工夫があれば、おそらく会話はとめどなく続くことでしょう。私たちも、ほんのちょっとの工夫で、ロボットの汚名を返上しようではありませんか。

ところで、リサさんは「ぶっきらぼう英語」の会話例をもうひとつ書いてくれました。引き続き観察してみましょう。彼女は、「次のような会話はまるでロボットが話しているみたいに機械的で不自然です」と言っています。

ケース13 ゆうべ何をしたか聞かれて

BEFORE

J: Hello Mary. How are you?
　メアリー、こんにちは。お元気ですか。

E: Good thanks, Mari. You?

ありがとう真理、元気よ。あなたは？

J: I'm fine thank you.

 私も元気です。

E: What did you do last night?

 ゆうべは何してたの？

J: Last night I went to a movie with my boyfriend.

 ゆうべはカレシといっしょに映画に行きました。

E: Cool. What did you see?

 いいわね。何を見たの？

J: We went and saw 'Tomb Raider'.

 『トゥームレイダー』を見にいきました。

E: How was it?

 どうだった？

J: 'Tomb Raider' was very good. I enjoyed it a lot.

 『トゥームレイダー』はとてもよかった。おおいに楽しめました。

E: I might go sometime.

 そのうち私も行かなくちゃ。

J: Yes. I recommend that you go and see 'Tomb Raider'.

 そうですね。『トゥームレイダー』を見にいくようおすすめします。

　この会話のどこが「ロボットみたいに機械的で不自然」なのでしょう。

　もうおわかりですね。真理さんは、'Tomb Raider' という映画の題名を、代名詞の it に置き換えることなく、3回も使っています。

同じ名詞が続くときは、「表現の経済」で２回目からは代名詞に置き換える。それをしないと、極端な言い方をすれば「じゅげむじゅげむ」と同じことになってしまう。それは、ロボット的であり、滑稽(こっけい)ですらある、とリサさんは主張しているのです。

　では、自然な会話に直したものを見てみましょう。

AFTER

J: Hi Mary. How're you?
　　ハイ、メアリー。ご機嫌いかが？

E: Good thanks, Mari. You?
　　ありがとう真理、元気よ。あなたは？

J: Good thanks.
　　元気よ、ありがとう。

E: What did you do last night?
　　ゆうべは何してたの？

J: Went to the movies with my boyfriend.
　　カレシと映画に行ったの。

E: Cool. What did you see?
　　いいわね。何を見たの？

J: 'Tomb Raider'.
　　『トゥームレイダー』よ。

E: Oh. I wanna see it. How was it?
　　あら、見たいと思っていたのよ。どうだった？

J: Pretty good.
　　なかなかよかったよ。

E: I might go.
　　私も見にいかなくちゃ。

第2章　そんなに緊張しないでください！　73

J: Yeah you should. It was good.
おすすめするよ。ほんとうによかったよ。

　代名詞に置き換えるどころか、すべて簡潔なひとことですませています。これは、つい先ほど説明した無感情な受け答えとは違います。「うん」や「いや結構」という機械的な答えではなく、聞かれている点をピンポイントで答えるムダのない会話なのです。

　前に私が、会話はジグソーパズルのようなもの、欠けているピースを埋めれば、立派に共同作業が進むのだと説明したのを思い出してください。「ぶっきらぼう」と「表現の経済」は似て非なるもの。ここをぜひご理解いただきたいと思います。

教訓9

最近はロボットも人間並みの会話をします。ぶっきらぼうな会話をしていると、「ロボットのほうがまだマシ」なんて言われかねません。会話をふくらませる工夫をして、ここはぜひとも「人間の証明」をしてください。

第3章
丸暗記では会話はできません！

1 教科書英語が抜けない

　私は出版社で英語教材の編集に長く携わっていました。学習指導要領が変わり、教科書が新しくなると、すべての教科書をしらみつぶしに調べ、数百冊の教材企画を立てるのが私の仕事でした。

　そんな仕事のなかで痛感したのは、教科書のなかには、どうしてこうも不自然な英語、時代遅れの英語が含まれているのだろう、ということでした（いまは改善されていることを願います）。

　たとえば、中学2年生の教科書に出ていた、こんな会話です。

A: What time do you usually reach school?
B: I usually reach school before 8:20, but yesterday I reached school at 8:40.

　この会話には、少なくともふたつの問題があります。
　①reach は「努力や進歩を通じてある目標に到達する」というニュアンスがあるので、毎日の登校に使うのは不適当です。
　②school という言葉が何度もくりかえされていて、

不自然です。

①については、言葉のセンスの問題ですね。このような誤用は、教科書のあちこちに見つかりました。たとえば、「ちょっとひと休み」の意味で、Let's take a little rest. と書かれています。しかし、rest は激しい運動や仕事のあとの休息を意味するので、軽い休憩くらいなら break を使って、Let's take a break. のほうが自然です。と、こんな具合ですね。

②は、ケース13で扱ったばかりです。同じ単語を何度も使うのは、ロボット的だという指摘です。

では、先ほどの会話を、ネイティブ仕様の自然な会話に直してみましょう。

A: What time do you usually get to school?
B: I usually arrive before 8:20, but yesterday I got there at 8:40.

これがネイティブ仕様の会話です。ちっとも難しくありませんね。ネイティブは難しい英語ではなく、自然な英語で話しているだけなのです。

では、なぜ日本の教科書に不自然な英語が混入してしまうのか。これはとてもデリケートな問題です。なぜなら、編集陣のなかには必ずネイティブ・スピーカーが加わっているはずだからです。考えられるのは、いくらネイティブが不自然だと言っても、日本人のエライ先生方が、「いや、これは正しい英語なのです」とつっぱねるか、指導要領に縛られて、「でも、その単語はこの箇所では使えないのです」と自分たちのや

り方を固持するかのいずれかです。しかし、先ほどの英文を見るかぎり、黙ってネイティブ・チェックを受け入れればすむように思うのですが……。

　私が本を書くときも、原則としてネイティブ・チェックを受けます。彼らの意見に耳を傾けて、自然な英語に直すのは、そんなに手間のかかる作業ではありません。なぜ、専門家が集まってつくる教科書にこれほど「ナゾの英語」が混入するのか、不思議でなりません。

　最近は少しは改善されたかな、と思って先日、高校の教科書を調べたのですが、やはり日本語から直訳したような不自然な英語が散見されました。

　このような教科書を一生懸命に学んだ末、ネイティブから見ると不自然な会話をしてしまうというのは、考えてみれば無理のないことかもしれません。ロボット英語の元凶のひとつは、教科書かもしれないのです。最近、私の親友の英国人作家クリストファー・ベルトン氏に、最近の中学教科書を見てもらう機会がありましたが、彼の感想は、「なぜ日本人が英語ができないか、わかったような気がします」というものでした。

　では、判で押したような教科書英語丸出しの会話例を見てみることにしましょう。

ケース14　飲み物をすすめられて

BEFORE

E: Would you like a cup of tea or a cup of coffee?

紅茶かコーヒーを1杯いかがですか。
J: I would like a cup of coffee please.
コーヒーを1杯お願いします。
E: Do you take cream and sugar?
クリームと砂糖を入れますか。
J: Yes, please.
はい、お願いします。
E: How much sugar do you take?
お砂糖はどれくらい？
J: I take two spoonfuls of sugar, please.
小さじ2杯お願いします。

この日本人の受け答えには、べつに間違いはありません。しかし、リサさんは「これは不自然な会話です」と言います。

たしかに、Would you like a cup of tea or a cup of coffee? と聞かれて、I would like a cup of coffee please. と答えるのは、なかばオウム返しに近い。「表現の経済」からすれば、I would like a cup of のところはくりかえす必要はありません。

How much sugar do you take? に対する I take two spoonfuls of の部分もたいへん不経済です。客もウェイターも貴重な時間を使って意思疎通しているのですから、ムダな時間はなるべくカットしたほうがいいのです。この「表現のムダ」は、先ほどの教科書の引用の②の症例に合致しています。

では、リサさんに自然な英語に直してもらいましょう。

AFTER

E: Would you like tea or coffee?
　紅茶かコーヒーを1杯いかが？

J: Coffee please.
　コーヒーをお願い。

E: Milk?
　ミルクは？

J: Yes please... and sugar.
　ええ……それと砂糖もね。

E: How many?
　いくつ？

J: Just one, thanks.
　1個でいいよ、ありがとう。

ずいぶんスッキリしました。

くりかえしになりますが、これはたんなる「カタコト英語」とは違います。欠けたピースをお互いに補い合うジグソーパズルに似た、ピンポイントのやりとりなのです。

リサさんがつくってくれた次の会話例も、「表現の経済」に関係しています。ご覧ください。

ケース15　余暇の使い方を聞かれて

BEFORE

E: What do you like to do in your free time?
　ヒマなときは何をするのが好き？

J: I like to sing a song and read a book.
　　「歌を歌う」ことと「本を読む」こと。

E: You like singing and reading? What kind of singing?
　　歌うことと読書が好きなの？ どういうのを歌うの？

J: Japanese pop music mostly.
　　たいてい日本のポップスね。

E: When you talk about singing and reading, you don't need to use 'song' or 'book'. It sounds really strange. Of course... if you are singing, then you are singing a song! And if you are reading... it's usually a book!
　　歌ったり読書のことを話すときは、「歌」とか「本」とかいちいち言わなくていいんだよ。すごく変に聞こえる。歌っているときは歌に決まっているし、読書しているときも……ふつうは本だよね。

　これは、私が教材編集をしているときに、ネイティブの校閲者に何度も指摘されました。read a book、sing a song という言い方は変です、a book や a song は必要ありません、と。たしかに、read a radio とか sing a window なんて言うはずありませんからね。

AFTER

E: What do you like to do in your free time?
　　ヒマなときは何をするのが好き？

J: I love singing and I like reading too.

歌うのが好きだけど、読書も気に入ってる。

E: Are you a good singer?

歌は上手なの？

J: I'm not too bad. I often go to karaoke with my friends so I get a lot of practice!

そうヘタじゃないよ。友だちとよくカラオケに行くから、たっぷり練習できるし！

E: How about books? What kind of books do you like?

本は？ どんな本が好きなの？

J: I mostly read crime.

犯罪関係の本が多いな。

E: Yeah... me too. You learn a lot huh!?

私も……。いろんなことが学べるじゃない？

J: I also like reading autobiographies.

自伝を読むのも好きなの。

E: I haven't read many. Can you recommend a good one?

私はあんまり読んでない。何かおすすめの本ある？

J: Yes, I can, but I can't remember the title. I'll check it when I get home and let you know.

あるんだけど、タイトルを思い出せない。家に帰ったら確認して教えるね。

E: Thanks.

ありがとう。

この項の最後に、かつてネイティブ・チェックで指摘された、忘れられない教科書英語の思い出をひとつ

紹介させてください。

I'm studying English hard to go to Europe.
　私はヨーロッパに行くため、一生懸命、英語を勉強しています。

この文のどこがおかしいと思いますか。
わが優秀な校閲者の指摘は、こうでした。
「英語を学ぶというのは、ヨーロッパに行くための手段にはなりません。英語なんか勉強しなくても、飛行機の切符さえ買えばだれでもヨーロッパに行けます。だから、『ヨーロッパに行くため、私は一生懸命お金を貯めています』が正しい英語です」
　私にとって、まさに目からウロコが落ちる説明でした！

教訓10

　教科書の英語は、教えるための英語です。そのまま会話に使うと、不自然に聞こえる場合があります。それから、ヨーロッパに行くために必要なのは、「お金」です。

2 形式にこだわる

　こんな笑い話があります（いや、もしかするとほんとうにあったことかもしれません）。

　日本の首相が、クリントン前大統領を表敬訪問したときの話。その首相は、簡単な挨拶の仕方を丸暗記していきました。しかし、いざクリントン氏を前にしてすっかりあがってしまい、How are you? と言うところを、Who are you? と言ってしまった。とっさにクリントン氏は機転を利かせて、かたわらのヒラリー夫人のほうを見ながら、I'm her husband! とおどけて言いました。すると、件の首相は、Me too! と答えたというのです。

　彼の頭の中の「想定問答」では、How are you? に対してクリントン大統領が、Fine, thank you. And you? と聞き返す。そこですかさず、Me too! と返すはずだったのです。では、日米両首脳の交わした、なんとも珍妙な挨拶を日本語で確認してみましょう。

「あなたはだれですか」
「私は彼女の夫です！」
「私もです！」

　どうしてこんなことになったのでしょう。そもそもの原因は、相手が血の通った人間であることを忘れて、型どおりの会話の丸暗記でこの晴れある会見を乗りきろうとしたことにあります。

　会話には、なんの決まりごとも型もありません。最

近の教科書（New Horizon Book 1）に載っている初対面の会話、

 A: Nice to meet you, Ken.

 B: Nice to meet you, too.

だって、考えられる多くの挨拶のなかのひとつにすぎません。

　さて、日本人が好む会話の話題のひとつが「趣味」です。たとえば、合コンではじめて顔を合わせたとして、何番目かに決まって出てくるのが「趣味は何ですか」という質問です。

　英会話の本にも、What's your hobby? という質問が必ず出てきます。ところが、この「趣味は何ですか」という質問が、ネイティブにはウケが悪いのです。どうしてでしょう。

　とりあえず、次の初対面の会話をご覧ください。

ケース16 初対面の会話

BEFORE

 J: Hi. It's nice to meet you.
  こんにちは。はじめまして。

 E: You too.
  こちらこそよろしく。

 J: What do you do?
  何をなさっているのですか。

 E: I'm a doctor.
  医者です。

J: Oh really!? What's your hobby?
　　そうなんですか!? ご趣味は何ですか。
E: Wow! I don't think anyone has ever asked me that question before!
　　おや、そんな質問をした人はいままでいませんでしたよ!
J: Really? Why not!? I thought that was what everyone asked when they first met someone!
　　ほんとうですか。どうしてかな。初対面のときにはだれもが聞くことだと思ったんだけど。
E: Well no.
　　そんなことないよ。

　リサさんは、この会話は不自然で、趣味の尋ね方が唐突すぎると言います。どういうことなのでしょう。
　調べてみると、英語の hobby という言葉は、日本語の「趣味」とはいささか異なる語感をもっていることがわかります。すなわち、hobby は、仕事以外の時間をすべて注ぎ込むような個人的な楽しみごとを意味します。日本人が「趣味」としてあげる読書、散歩、音楽鑑賞、そして英会話!などは、彼らのセンスでは hobby とは言いがたいのです。
　テレビで野球やサッカーの試合を見たりするのは、pastime（気晴らし、娯楽）に分類されます。趣味はだれもが、いくつももっているようなものではないのです。したがって、初対面で唐突に、What's your hobby? と尋ねるのは適切ではない、とされています。
　どうしても日本流に「趣味」について聞きたければ、

What do you like to do in your spare [free] time? (空いた時間には何をなさるんですか) のような聞き方が適切なようです。ですから、初対面で、相手の職業を聞いた次に「趣味」を尋ねるのは、やはり唐突という印象をもたれる、というわけでした。

ましてや、初対面の会話のメニューのなかに What's your hobby? という質問を組み入れて丸暗記なんて、絶対にしないでください。

では、リサさんが初対面の会話として、「これなら自然です」と推奨する会話例を見てみることにしましょう。なお、You too. は It's nice to meet you too. の略です。

AFTER

J: Hi. It's nice to meet you.
　　こんにちは。はじめまして。

E: You too.
　　こちらこそよろしく。

J: Do you mind my asking what you do?
　　何をなさっているか伺ってもいいですか。

E: No, not at all! I'm a doctor.
　　もちろんですとも。医者です。

J: Wow. What kind of doctor?
　　へえ。何がご専門ですか。

E: I'm a GP [General Practitioner]. I have my own practice.
　　私は一般開業医です。自分の診療所をもっているんですよ。

J: Well, it's a pleasure to meet you.

　なるほど。お近づきになれてよかった。

E: What about you? What do you do?

　あなたはどうなんですか。何をされているのですか。

J: I'm a stylist.

　私、スタイリストなんです。

E: What a great job!

　いいお仕事ですね。

J: Yeah, I enjoy it. Though I'd prefer not to work on weekends.

　ええ、楽しんでやっています。でも週末働くのは好きじゃないんです。

E: Yeah, I understand that. I usually don't work weekends, though occasionally I have to.

　そうですね、わかりますよ。私は通常は週末働かないのですが、やむをえないときもありますからね。

　この会話のあと、リサさんは楽しげに、And so the conversation continues on whatever topic may follow.（こうして、どんな話題が出てきても会話は続いていきます）と述べています。すでにこのふたりはすっかり意気投合しています。もしかしたら、ふたりとも仕事のない週末にはデートの運びになるかも。

　なお、「趣味」についての意識の違いに関しては、第7章のケース29でもう一度取り上げます。

教訓11

　丸暗記の英会話は危険です。すぐにメッキがはがれてしまいます。

　それから、初対面の相手にいきなり、What's your hobby? と尋ねるのはやめましょう。話題が自然にそういう方向に向いた場合には、What do you like to do in your spare [free] time? などと聞くのがいいでしょう。あるいは、具体的に Do you play any musical instruments?（何か楽器をお弾きになりますか）などと聞くのもおすすめです。こうすれば、自分の興味のある分野に自然に会話を誘導することもできます。

第4章

それでは話が見えません！

1 「つかみ」がない
（話題の中心点がつかめない）

　読売ウイークリーの英国人記者ポール・ジャクソン氏が、おもしろいことを言っていました。私の友人の出版記念パーティの席上だったのですが、「日本人と会話していて、いちばん困るのはどういうときですか」という質問に対して、彼は次のように答えたのです。
「フックがないのがいちばん困ります。いつ出てくるのかなと思ってずっと聞いているのですが、話があちこち行って、とうとう最後まで出てこないときもあります。これ、いちばん困ります」

　彼が言うフック（hook）というのは、本来はモノを掛けるための留め金のことで、この場合は、会話の「つかみ」のことです。つまり、**「これからこの話題について話しますよ」という事前のシグナル**がフックなのです。それがないと、相手が何を話そうとしているのかつかめない。まさに、"つかみどころのない"話になってしまうのです。

　子どもの話は、往々にして行き当たりばったりです。「こうなって、こうなって……」と際限なく続き、話の方向が見えません。しかし、ジャクソン氏は、日本人の会話はこれと同じ傾向がある、と言うのです。は

たしてほんとうでしょうか。

　残念ながら、リサさんも同じ指摘をしています。次の会話では、北海道旅行から帰ったばかりの女性が、行き当たりばったりの（先の見えない）話しぶりで、相手のネイティブを困らせています。

ケース17　北海道旅行について話す

BEFORE

J: I went to Hokkaido last week.
　　先週、北海道に行ったんだ。

E: Oh, nice.
　　いいなあ。

J: I went to Asahiyama zoo.
　　旭山動物園に行ったんだ。

E: I've never heard about it. How was it?
　　聞いたことないな。どうだった？

J: I could see a wild deer.
　　野生の鹿を見ることができたの。

E: At the zoo?
　　動物園で？

J: No, while driving.
　　いや、ドライブ中に。

E: Oh, you drove the wide area of Hokkaido.
　　ああ、広い北海道をドライブしたんだね。

J: Yes. There is no traffic jam in Hokkaido.
　　うん。北海道では交通渋滞がないんだよ。

E: Then you had a nice weekend?
   じゃあ、いい週末だったね。
J: Mmm, but I had my purse stolen.
   まあね。でも財布をすられたんだ。
E: During your journey?
   旅行中に？
J: No, yesterday.
   いや、昨日。
E: (I can't follow what she is saying. The topics are all over the place. There is no continuity.)
   (彼女の話にはついていけないな。話がポンポン飛んで、一貫性がないんだもん)

　この話にフックをつけるとしたら、どうなるでしょう。もしも「先週はすごくいいこととイヤなことの両方があったの」みたいな「つかみ」があれば、おそらく相手は、何が起こったのか興味をもってくれたのではないかと思います。

　よく英語のジョークで、「いい知らせと悪い知らせがあります。どちらから聞きたいですか」と始まる、アレです。

　では、先ほどの会話の改善例です。話が整理されて、ずっと理解しやすくなっています。聞き手にとって先の見える話し方になっています。

A<small>FTER</small>

J: I went to Hokkaido last week.
   先週、北海道に行ったんだ。

E: Oh, nice.
　いいなあ。

J: I went to Asahiyama zoo.
　旭山動物園に行ったんだ。

E: I've never heard about it. How was it?
　聞いたことないな。どうだった？

J: You can see the animals as if they are at home, so they are more active than in other zoos in Japan.
　動物が自然に近い状態で見られるんだ。だから日本中のどこの動物園よりも動物が生き生きしているんだ。

E: It sounds really interesting.
　そりゃおもしろそうだね。

J: And I saw a wild deer while we were driving.
　それにドライブ中に野生の鹿も見られたし。

E: Really. Wow. I'd love to go to Hokkaido.
　そりゃすごい。ぼくも北海道に行ってみたいな。

J: It's a nice place and I had a great time. Unfortunately though, after my trip, I had my purse stolen.
　いいところだよ。楽しかったわー。でも運の悪いことに、旅行から帰ってきてから財布を盗まれたの。

E: Oh no. That's awful. Did you have much money in it?
　おやおや、そりゃ災難だったね。現金はいっぱい入っていたの？

J: Not really, but all my cards were in it!

いや、でもカードが全部入っていたんだ！

　野生の鹿が見られたのは"ドライブ中"だったこと、財布が盗まれたのは"旅行後"だったことが明示されています。とくに、盗難の話の前には、Unfortunately（不運にも）という前置きを入れて、話の切り替えもスムーズに行われています。
　ところで、フックの話に戻りますが、デイビッド・ワグナー氏の著書『プレゼン英語必勝の法則 Messages!』によると、フックには次の3種類があるそうです。

①反語
②刺激的な言葉
③ユーモア

それぞれ例を示しましょう。

①「北海道にすごい動物園があるなんて、知りませんでした？」（反語）
②「ドライブするなら北海道が最高です！」（刺激的な言葉）
③「日本最大の動物園はどこか知ってる？　北海道よ！」（ユーモア）

　ただし、最後のユーモアはしばしば誤解のタネにもなりますからご用心ください（北海道にお住まいの方、どうか悪くとらないで！）。

第4章　それでは話が見えません！

この項を閉じる前に、私の気に入っている「医者のジョーク」をふたつご紹介しましょう。先ほどの「いい知らせと悪い知らせ」のジョークです。何かの折に英語でジョークを言わなくてはならない機会が訪れたら、候補のひとつに入れておいてください。では、いきます。

●第1のジョーク
Doctor: I've got some good news and some bad news.
Patient: Tell me the bad news first.
Doctor: I'm going to have to amputate your legs.
Patient: And what's the good news?
Doctor: The man in the next bed wants to buy your shoes.

　医者：いい知らせと悪い知らせがあります。
　患者：悪い知らせから言ってください。
　医者：両足を切断しなくてはならなくなりました。
　患者：で、いい知らせは？
　医者：お隣の患者さんがあなたの靴を買ってくれるそうです。

●第2のジョーク
Dentist: Do you want the good news or the bad news?
Patient: Give me the good news.
Dentist: Your teeth are quite perfect.

Patient: What's the bad news?
Dentist: Your gums are so bad I'll have to take all your teeth out.

> 歯医者：いい知らせと悪い知らせがありますが。
> 患者：いい知らせからお願いします。
> 歯医者：あなたの歯はすべて完璧です。
> 患者：悪い知らせは？
> 歯医者：歯茎がボロボロなので、歯を全部抜かなくてはなりません。

教訓12

行き当たりばったりの会話は相手をイライラさせます。できれば、つかみを工夫しましょう。それから、いい知らせと悪い知らせは、どちらから聞いてもガッカリします。

2　前置きが長すぎる

　公式の場で人に質問するとき、日本人記者は概して前置きが長い。それに対し、アメリカのプロのインタビューアーは質問が短いと言います。この差はどこからくるのでしょう。

　かつて、イギリスのサッチャー首相が来日したとき、記念講演のあと、ある学生が代表で質問を行いました。ところが、「えー、日本という国はそもそも歴史的に……」と前置きが長い。だれでも（おそらくサッチャーさんも）よく知っている事柄を延々と話すわけです。たまりかねて司会者が、What is your question? と聞く一幕がありました。

　このサッチャーさん来日の折、ＮＨＫが日本初のディベート番組を企画しました。出席者はサッチャーさんと日本の論者ふたりと司会役のＩ氏の４人。ところが、冒頭のＩ氏のイントロが長い。長いのはいいのですが、こんなことを言い出しました。

「著名な日本研究家であり、前の駐日アメリカ大使であるライシャワー教授が日本人について述べた有名な言葉があります。彼はその著書のなかで、天気とゴルフの成績（スコア）以上の話を英語で容易に語り合うことのできる日本の政治家は、わずか数人しか思い出すことができないと書いています」

　これに対して、サッチャーさんは、たまりかねて口をはさみました。

「私はそのようなことはまったく感じていません（I have not found that at all.）」

Ｉ氏はあわてて自己弁護の弁を吐きます。
「私たちの英語は完全ではないのですが……」
　これに対するサッチャーさんの返答がふるっています。
「私の英語だって完全ではありませんわ（Mine isn't, either.）」
　さらにＩ氏。
「英語の拙(つた)さはあらかじめお詫び申し上げておきます。さて、本題に移りたいと思いますが……」

　はたしてこのような前置きは必要だったのでしょうか。Ｉ氏といえば、日本屈指の英語使いとして有名な方でした。その彼がここまで自国のこと、自分の英語のことを卑下(ひげ)して言う必要があったのでしょうか。彼の英語が拙かったら、１億国民の英語はどうなってしまうのでしょう。とまあ、私などは感じたわけです。
　インタビューの達人であるマーシャ・クラッカワーさんは、キッパリ言います。「質問の前に長い前置きはいらない」と。まして、自分の英語の拙さを流暢な英語で弁解するなど、ナンセンスにもほどがあります。
　さて、リサさんも、そんな日本人の会話例をつくってくれました。さっそく見てみましょう。

ケース18　質問をしたいとき

BEFORE

J: Excuse me, I'm sorry to disturb you when you

are busy. I wonder if you could do me a favor.

　　すみません、お忙しいときに申し訳ないのだけれど、お願いしたいことがあるんですが。

E: What can I do for you?

　　何でしょう。

J: I'm not sure if this is an exact question to ask you but will you answer it for me?

　　あなたにお伺いするのは的確じゃないかもしれませんが、できましたら教えていただきたいのですが。

E: No problem. What is it?

　　いいですよ。何なの？

J: Well, it's hard to say. My English is poor.

　　ちょっと言いにくいのですが、私の英語はうまくありませんし。

E: OK, OK. Go on. What DO you want to ask?

　　はいはいはい。で、いったい何を聞きたいの？

　たしかに、My English is poor. とか I am not good at speaking English. と、必死に煙幕を張る日本人がいます。でも、**ネイティブはひとこと聞いただけで相手がどの程度の英語使いかわかりますし、そのレベルに合わせた英語を使ってくれるはずです。**ろくに話せもしない相手に滔々とまくしたてるのは、時間のムダだからです。

　だから、お願いがあるなら、お願いがあることだけを言いましょう。自分の英語に関する講釈は無用です。というか、先ほどの会話例で、I'm sorry to disturb you when you are busy. I wonder if you could do me a favor. なんて複雑な文を言えるこの日本人は、すでにそうとうな英語の使い手のように思います。決して、My English is poor. なんて人ではないように見受けます。

AFTER

J: Excuse me, may I ask you a question?
　すみません、ちょっとお尋ねしたいのですが。
E: Sure.
　どうぞ。
J: I want to know about...
　〜に関して伺いたいのですが。

なんとサッパリしたことでしょう。先ほどの前置きは、すべて不要だったのですね。
　どうしても遠慮の気持ちがある場合も、次のようにさらりと言ってしまいましょう。

Do you have a minute?（ちょっといいですか）
Are you busy now?（いま、お忙しいですか）
I hope I'm not bothering you.（いま、迷惑じゃないですか）
Can I have just a minute of your time?（ちょっとだけ時間をいただけますか）

遠慮がちに頼みごとをするときの決まり文句は、こうです。

第4章　それでは話が見えません！

I'm sorry to bother you, but... (お手数ですが……)
I don't want to trouble you, but... (ご迷惑でなければ……)

また、言いにくいことを切り出す場合は、次のような言い方をおすすめします。

I'm terribly sorry, but... (申し訳ないんだけど……)
I'm sorry to have to tell you this, but... (とても言いづらいのだけれど……)

さて、リサさんが書いてくれたもうひとつの会話例は、本題と関係ない前置きを設けた例です。日本では、このように時候の挨拶から入るのは常套手段ですが、それが見え透いていると、かえって相手に不信感をもたれる場合もあります。そんなシチュエーションの会話です。

ケース19 頼みごとがあるとき

BEFORE

J: Hi, it's a nice day.
　こんにちは、よいお天気ですね。

E: Yes, it is.
　そうですね。

J: Cherry blossoms are very beautiful this season and we enjoy having picnics under the tree. By the way, could you help me?

 この季節は桜の花がきれいで、花見でお弁当を広げたりするんですよ。ところで、お願いしたいことがあるんですが。

E: Maybe you are trying to be very polite to me, but we are friends. You can get straight to the point.

 たぶん遠慮しているんだろうけれど、私たち友だちでしょ。ズバッと要点言ってかまわないんだからね。

　日本人の発した、By the way がいただけません。これは、ふたりの会話がある程度盛り上がっているときに、話題を切り替えたい場合の常套句なのです。勝手にひとりで時候の挨拶を行い、相手が口をはさむ間もなく By the way はないでしょう。これでは自作自演であって、会話ではありません。

　もっとスッキリ、次のようにやろうではありませんか。

AFTER

J: Hi, it's a nice day.

 こんにちは、よいお天気ですね。

E: Yes, it is.

 そうですね。

J: I need your help, do you have time?

 お願いがあるんだけど、時間ある？

E: Sure. What can I do for you?

 もちろん、何なの？

この項の冒頭で紹介したI氏のイントロも、自作自演で自爆していました。少なくとも、英語話者と話すときは、もっとストレートにいきましょう。スローカーブやフォークボールで相手を翻弄（ほんろう）する必要はありません。

　そういえば、先日こんなことがありました。ある大学で行われた「21世紀の英語教育を考える」というパネル・ディスカッションを聞きにいったときのことです。無事パネラーたちの講演が終わり、質問タイムに入ると、この大学の卒業生とおぼしき初老の女性が立ち上がり、マイクをつかんで滔々と日本の英語教育について自説を披瀝しはじめました。いくら待っても質問に入らないので、司会者がしびれを切らして、「すいません、どなたへのご質問ですか」と尋ねました。すると、件の女性はこう答えたのです。
「質問はないんです。これだけはみなさんにお伝えしたくて参りました」
　アメリカからやってきたパネリストは、さぞビックリしたのではないでしょうか。

教訓13

　ネイティブと話すときは、前置きのための前置きは不要です。質問するときは質問すればいいのです。お願いがあればお願いすればいいのです。どうしても前置きが必要な場合は、なるべく簡潔に。長い前置きが必要な相手には、そもそもお願いなどしないほうがいいでしょう。

3 まわりくどい言い方をする

　前項「前置きが長すぎる」の発展形が、この「まわりくどい言い方をする」です。

　まわりくどい言い方は、日本の伝統芸のようなものであって、たとえば、百人一首に収められている柿本人麻呂の有名な歌、「あし引きの山鳥の尾のしだり尾のながながし夜をひとりかも寝む」の場合、「あし引きの山鳥の尾のしだり尾の」までが序詞です。本題に入る前の雰囲気づくりとでも言いましょうか。

　ところが、この千年来の伝統芸が、ネイティブ相手だとほとんど不発に終わってしまいます。

　とくに、誘いを受けたときには、まったく逆効果です。正直に自分の好みを言わずに、のらりくらりと応対しているうちに、行きたくもないフレンチ・レストランに強引に連れていかれたりするハメになります。相手を傷つけずにキッパリ断るのが、日本人は非常に苦手です（この私も含めて）。

　概して、われわれは断るときに理由から述べます。理由を述べてからでないと結論を言ってはいけないように思う。話しているうちに自然に結論が見えてくる、なんて話し方が好きなんです。しかし、英語圏の人びとのやり方は逆です。**まず、キッパリと結論を言う。そのあと、必要なら理由を付加する**、という順序なのです。

　前に「表現の経済」という話をしましたが、同じ精神がここにも働いています。結論を先に言うことによって、相手はすばやく次の方策に移ることができます。

理由や言い訳を聞くヒマがあったら、もっと別の提案をしたほうが話が早いわけです。

このように、ネイティブ流に対応するためには、話し方の工夫も大事ですが、つねに自分の好みを明確にしておくことも必要です。これが日本人には苦手なのではないでしょうか。

おかしな話ですが、聞かれてからあわてて自分の好みについて考える。それが多くの日本人の性向であるように思います。この茫漠（ぼうばく）とした空気のなかで生きるのが、私たちは好きなのです。だから、しいて好みを聞かれれば、「好みをハッキリさせないのが好みである」という妙なことになる。これをネイティブに理解してもらうのは並大抵じゃありません。

おっと、つい前置きが長くなりました。リサさんの書いた会話例を見てみましょう。断るに断れない日本人の悲しい性（さが）を活写した会話です。

ケース20 バーベキュー・パーティに誘われて

BEFORE

E: I'm going to have a barbecue party next Saturday. Would you like to come with your family?

　今度の土曜日にバーベキュー・パーティをするんだけど、ご家族といっしょにいらっしゃらない？

J: Thank you. Well I have to check my family's schedule. My daughter is going to take an examination.

　　ありがとう。ちょっと家族の都合を確認しないと。娘がいま受験中なんですよ。

E: Oh, you have a daughter?

　　おや、娘さんがいらっしゃるのね。

J: She's eighteen.

　　18歳なんです。

E: Oh, then how about your wife?

　　なんだ、それなら奥様は来られるでしょう。

J: As my daughter is getting nervous, she might have to take care of her.

　　娘がちょっと神経質になっているので、母親が面倒をみないといけないかもしれません。

E: Then how about you?

　　なら、あなたは来られますよね。

J: Please give me some time to think about it.

　　検討したいので時間をいただけますか。

E:(I wonder if he really wants to come to the party. Maybe he's trying to find some reason not to come.)

　　（彼はほんとうにパーティに来たいんだろうか。断る口実を探しているような気がするなあ）

　たしかに、この日本人は一度もパーティに行きたいとは言っていません。ですが、明確に断りもしていない。ひたすら理由や言い訳を並べているだけです。しかし、日本人とは考え方の異なるネイティブには、ちっとも効果を発揮していません。「娘が18歳にもなる

第4章　それでは話が見えません！　105

なら、受験の面倒を親がみる必要などないだろう、親が受験するわけではないんだから」と相手は考えます。18歳の娘の世話を焼くほうがおかしい、と。

こんな行き違いから、日本人の「しどろもどろ」が最終的にはネイティブの不信感を招いたようです。どうしたら、すっきりこの場を乗りきることができるのでしょう。

AFTER

E: I'm going to have a barbecue party next Saturday. Would you like to come with your family?

　今度の土曜日にバーベキュー・パーティをするんだけど、ご家族といっしょにいらっしゃらない？

J: Thank you. Well I have to check my family's schedule. Can I let you know after that?

　ありがとう。家族の予定を確認して、その後のお返事でもよろしいでしょうか。

E: Sure.

　もちろんですとも。

なんのことはない、「結論保留」という結論をドンと前に押し出せばよかったんですね。これも立派に結論のひとつなのです。それが証拠に、相手のネイティブは、気分よく、Sure. のひとことで引き下がっているではないですか。要は、**あれこれ言う前に、相手にしっかりバトンを渡すこと。バトンをもったままひとりで走りまわらないことです。**

次の会話例は、映画に誘われた場面です。やはり、まわりくどい話し方が相手の不興を買っています。

ケース21 映画に誘われて

BEFORE

E: Would you like to go to the movie 'Harry Potter' tomorrow?

　明日『ハリー・ポッター』を見にいかない？

J: That movie seems very interesting and I would be glad to go and see it with you. But I have to hand in a report by Monday. Betty is interested in that kind of movie. Maybe she would like to go with you.

　その映画って、とてもおもしろそうだし、いっしょに行ければと思う。でも、月曜日までにレポートを提出しないといけないんだ。そういう映画ならベティが好きだよ。たぶんいっしょに行きたがると思うよ。

E: You mean that Betty might want to go to the movie instead of you?

　つまりキミの代わりにベティが行きたがるかもしれないってこと？

J: Yes.

　そう。

E: Then first tell me so. That is more important for me than the reason. Why don't you just say so in

第4章 それでは話が見えません！　107

the first place! (Oh, OK then. I'll ask her if she wants to go.)

じゃ最初からそう言ってよ。ぼくにとっては理由よりそっちのほうが大事なんだ。はじめにそう言ってくれればいいのに(それならそれでいいや。彼女に行きたいか聞いてみよう)。

I would be glad to go and see it with you. という言葉を聞いたところで、相手はてっきり同意が得られたと早合点します。なぜなら、彼らの流儀は、「理由よりも前に結論を言う」だからです。「好きだけど行けない」と言わず、「行けないけど好き」と言わなくてはいけなかったのです。

AFTER

E: Would you like to go to the movie 'Harry Potter' tomorrow?

明日『ハリー・ポッター』を見にいかない?

J: I'm sorry I can't go. I have to hand in my report by Monday, but maybe Betty would like to go.

悪いけれど無理だな。月曜日までにレポートを提出しないといけないんだ。でも、ベティなら行くかも。

E: Oh, I see. OK. I'll ask her.

あっそう、じゃ、彼女に聞いてみるか。

J: Have fun.

楽しんできて!

ほら、行けない理由を断り文句のあとにしています

ね。理由もなく断ったと思われるのは心外ですから、理由があれば述べて、あと腐れをなくします。そして、Have fun. と相手にエールを送って会話を閉じたのは秀逸(しゅういつ)です。きっと次の機会に、再び誘ってくれることでしょう。

　最後に、断り方の相違についても、少し触れておきましょう。日本人どうしだと、「あら、申し訳ないわ」とか「お手数でしょう」などと、まずは遠慮する（遠慮してみせる）のが、慣(なら)わしのようになっています。誘った相手も、「そんなことおっしゃらずに、ぜひ……」のように言って、再度誘いをかける。このやりとり（双方の意思や都合の確認作業）を経て、やっと合意に達するのが日本式の方法です。「お手数でしょう」「はい、そうです」とは絶対になりません。100パーセント「いえいえ、そんなことはありません」となる。

　ところが、先ほども言いましたように、**英語圏では、まず結論から言います。ですから、一度出された結論は、容易なことでは覆(くつがえ)りません。簡単に覆るような結論を前面に出すのは、逆に相手に対してたいへん失礼なことなのです。**したがって、ネイティブが「ダメです」とか「都合が悪いんです」と断ってきたら、日本流に「そんなことをおっしゃらずに」とか「ご遠慮は無用です」などと、あとに引っ張ってはいけません。「ホントは行きたがっているんだろう」みたいな勘繰(かんぐ)りは、大きな大きなお世話なのです。

　余計なお世話が高じてしまうと、It's none of your

business./Mind your own business./Keep your nose out of my business. などとピシャリと言われるのがオチです。どれも「余計なお世話です」という意味の言葉です。最後の表現は、「私のことに鼻を突っ込まないで」という日本語の言い方に通じるところがあって、なかなか興味深いですね。

教訓14

　日本流のまわりくどい言い方は嫌われます。英語圏の流儀は、まず結論、そのあと理由です。断るときも英語圏は一発回答。遠慮して「ノー」と言っている可能性はゼロだと考えていいでしょう。「とりあえず」という発想は彼らにはありません。

第5章

YESかNOか、はっきりさせて！

1 YESが口ぐせ
（内心は同意しているわけではないのに）

　ここまで、日本人の英会話の盲点をあれこれ指摘してきました。読者のなかには、なぜこれほどまで英語圏の人びとの発想や流儀に合わせる必要があるのか、不思議に（不愉快に）思っている方もおられるかもしれません。たしかに、行きずりの旅のひとコマ程度なら、発想や流儀というところまで考慮せずに、「旅行用ひとこと会話集」で事は足りるでしょう。最近は人間の代わりに話してくれる機器だって売っています。ヘタなカタコト外国語より、よほど確かかもしれません。

　しかし、私は本書を、いかにすればネイティブと気持ちよくつきあえるか、という趣旨で書いています。そこで、読者にはこう考えていただきたいのです。

　会話は共同作業です。ということは、双方からの歩み寄りが必要になります。

　ところで、英語圏の人たちが読めるような、「いかにして日本人とうまく会話できるか」というテーマの本があるかどうか、私は寡聞にして聞いたことがありません。すなわち、日本人と話すときは「前置きを長くしよう」とか「まわりくどい話し方をしよう」とい

った実践書（？）です。もしあちらにこの手のいい本がないとすれば、ここはこちらから歩み寄って、彼らの発想法に合わせてあげるしかありません。

　ですから、本書は、われわれの側からの好意に満ちた歩み寄りの書なのです。ここはひとつ、日本人の度量の大きさ、懐の深さをおおいに発揮して、私たちが慣れ親しんだ「ロボット英語」や「棒読み英語」を少しく直してあげようという、ボランティア精神にあふれた友情の書なのです。どうかご理解のほど、よろしくお願いいたします。

　閑話休題。今回は、わけもなくＹＥＳ、ＹＥＳを連発してしまうクセを直すプロジェクトです。ＹＥＳは軽々に発すべき言葉ではありません。潔い同意・承諾の言葉なのです。これを日本式の「はいはい」（関西なら「へえへえ」）の代わりに用いていると、とんでもないことになります。ＹＥＳはネットショッピングの承諾のクリックのようなものと考えればいいでしょう。われわれが思っているより、ずっと重みのある言葉なのです。さっそくクリックを押し間違えた例（不用意なＹＥＳの例）を見てみましょう。

ケース22　週末のパーティに誘われて

BEFORE

E: We are going to have a potluck party next Sunday.

　　　　今度の日曜日に持ち寄りパーティをするんだけど。
J: Yes.
　　　　うん。
E: It would be a pleasure if you could come.
　　　　来てもらえると嬉しいんだけど。
J: Yes. 《Yes, I wish I can go.》
　　　　うん《行けるといいけどのつもり》。
E: Then I'll call Betty. She will pick you up.
　　　　じゃ、ベティに電話しておくね。彼女が迎えにいくよ。
J: Yes.
　　　　うん。

　この日本人は、話についていっているというサインに Yes. を3度口にしています。しかし、この状況での Yes. は承諾（3回もくりかえしているので快諾）を意味します。**日本語の「わかった」と英語の Yes. は、天地の開きがある**のです。

　リサさんの解説によると、3回目の Yes. は、「行く場合は、ベティが迎えにきてくれるんだ」というひとり合点を表しているんだそうです。あくまで「行く場合は」という仮定つきです。ここらへん、リサさんの日本人理解の的確さ、観察眼の鋭さに頭が下がります。

AFTER

E: We are going to have a potluck party next Sunday.

今度の日曜日に持ち寄りパーティをするんだけど。

J: Really, it sounds nice.

ホント？ 楽しそうだね。

E: It would be a pleasure if you could come.

来てもらえると嬉しいんだけど。

J: Thank you, I'd love to. I have to check my schedule though.

ありがとう。行きたいけれど、スケジュールを調べてからね。

E: If you can come, I'll call Betty. She'll pick you up.

じゃ、来られるならベティに電話しておくね。彼女が迎えにいくよ。

J: OK. I'll call you later.

わかった、あとで連絡するね。

この修正後の会話では、一度も不用意な Yes. は口にしていません（承諾クリックは押していません）。最初の、Really, it sounds nice. は、「楽しそうだ」という印象を述べているだけで、承諾ではありません。

さて、日本人の発する Yes. Yes. は、文字どおり「はいはい」という響きで、あまり感じがよくないようです。相づちを打ちたいなら、Yes. Yes. ではなく、Yeah. や Uh-huh. のほうがずっとよいのです。これらはカジュアルすぎるのではないかと心配される方もいらっしゃるかもしれませんが、大丈夫、ビジネス会話でも使えます。

それから、Yes. Yes. の代わりに、I see. I see. が口癖の人もいます。これも、文字どおり「わかったわか

った」という響きで、やはり感じよくありません。

●よく使われる相づち

　私の友人である桜美林大学教授の馬越恵美子さんが、ラジオの『ビジネス英会話』の土曜サロンを担当され、そこで交わされた米国人・英国人との会話を2冊の本にまとめられました。馬越さんは日本有数の同時通訳者で、英語の達人です。

　私は、これら合計40回の会話で使われた相づちをすべて調査してみたことがあります。以下が、その結果です。便宜上、上位8位までを表にしました。

	米国人との会話	英国人との会話
1位	Yes.（28）	Yes.（22）
2位	I see.（23）	Exactly.（16）
3位	Right.（22）	Right.（16）
4位	Yeah.（16）	I see.（12）
5位	Exactly.（11）	Really./?（10）
6位	Really./?（10）	That's right.（10）
7位	That's right.（9）	OK.（10）
8位	OK.（6）	Wow.（7）
	（相づち総数135）	（相づち総数118）

　Yes. と I see. が上位に入っているため、先ほど私が言ったことと矛盾するように思う方がいるかもしれませんので、ちょっと説明しておきましょう。

　この対談のなかで使われている Yes. と I see. はたんなる相づちではありません。相手の質問に本気で

「そうです」とか「納得です！」と答えている Yes. と I see. なのです。それが証拠に、どちらも力をこめて（心をこめて）発音されています。

なお、相づちの総数に差があるのは、左の米国人との会話は「基礎編」であるため、個々の発言が比較的短く、そのぶん相づちの回数が多くなった、というわけです。データは正直ですね。

さて、この表で代表的な相づちの表現はほぼ出尽くしていますが、それ以外にあげるとすれば、Sure.（そうです）、All right.（いいですよ）、Of course.（もちろん）、Hmm.（うーん）、Is that right?（ホント？）くらいでしょうか。

だんまりを避けるためにも、これらのいくつかを音読して覚えておくことをおすすめします。

教訓15

軽い相づちのつもりで Yes. Yes. とやっていると、責任をもって承諾したことにされてしまいます。「そんなつもりでは……」と言ってもあとの祭り。

また、だんまりを避けるためにも、いろいろな相づちの言葉を覚えておくと便利です。

2 ハッキリNOが言えない

　最初にお断りしておきますが、この項は、文字どおり「ハッキリNOと言え！」という趣旨ではありません。すでに述べたように、No, thank you. ですら冷たく響きます。ですから、No. のひとことで答えたら、相手はショックを受けるかもしれません。

　むかし、「NOと言えない日本人」という言葉がはやったため、ハッキリNOが言えれば国際人だ、と早合点している人がいます。**明確に意思が伝えられるということと、ぶっきらぼうにNOと言うことは別のこと**ですので、くれぐれも誤解のないように。

　では、キッパリと断れずにお説教をくらった会話例を見てみましょう。

ケース23　映画の誘いを断る

BEFORE

E: How about going to the movie with us tomorrow night?

　　明日の晩、いっしょに映画に行かない？

J: Well I am a little busy.

　　ちょっと忙しいんだ。

E: You always work too hard. You need to relax more.

　　働きすぎよ。もう少しリラックスしなくちゃ。

J: Yes, I think so too. But I have to write a report.

そう思うんだけど、レポートを書かないといけないんだ。

E: You can put it off. The next day is Saturday.
　　　あとまわしにすればいいじゃない。翌日は土曜日なんだし。

J: Maybe, but I always feel time is running out.
　　　そうだね、でも時間はあっというまに過ぎるからなあ。

E: So you can't go to the movie, right?
　　　それじゃ、映画には行けないのね？

J: Yes, I can't go to the movie.
　　　はい。映画には行けません。

E: OK, OK. Anyway you can't go to the movie! By the way, I would like to tell you two things. When you can't do it, don't hesitate to say so. And when you are going to give a negative answer, say 'NO' whatever the question is.
　　　もういいわ。とにかく映画には行けないのね。ところで、あなたに言いたいことがふたつあるの。できないときは遠慮しないで言ってね。それから否定で答えるときは、質問がどんな形であろうと「ノー」と言って。

　映画に誘われた日本人の男性が、イエス・ノーを明確にせず、Well I am a little busy. と答えています。日本人どうしの会話なら十分成り立つ答えですが、ネイティブには通じません。

　ついでに言うと、「忙しいから」という言い訳は、

とても不愉快に響くそうです。つまり、「私は忙しいんだ、あなたにつきあっているヒマなんかないんだ」というように聞こえるからです。では、どうしたらいいでしょう。簡単です。忙しい理由を具体的に示せばいいのです。次の会話では、そうなっています。

AFTER

E: How about going to the movie with us tomorrow night?

明日の晩、いっしょに映画に行かない？

J: Thanks, but I can't. I have to write a report.

ありがとう、でも無理なんだ。レポートを書かないといけないんだ。

E: Oh, that's too bad. Maybe next time.

あら残念。また今度ね。

Thanks, but I can't. I have to write a report. はすばらしい答え方です。①**まず礼を言い**、②**きちんと断り**、③**すかさず理由を述べている**からです。ふつうですと、礼を言わず、結論の前に（くだくだと）理由を並べてしまいます。

ところで、日本人の間では、「考えておくね」とか「検討させていただきます」は、遠まわしの断り文句である、という一種の共通認識があります。これは、絶対に英語圏では通用しません。

たとえば、ビジネス会議で日本人が、「考えておきましょう」のつもりで、I'll think about it. と言ったとします。ネイティブは文字どおり相手が検討してくれ

ることを期待し、結果として五分五分くらいの予測を立てます。ですから、暗に断るつもりで（あるいは、たんなる引き延ばしで）I'll think about it. という表現を使うのは、結果的に相手にたいへん失礼なことになります。「それならなぜ、あのときにキッパリ断ってくれなかったんだ」となじられること請け合いです。

●否定疑問文に対する答え方

ところで、修正前の会話例の最後で、ネイティブが「否定で答えるときは、質問がどんな形であろうと『ノー』と言って」と述べています。質問がどんな形であろうと「ノー」と言う、というところは少し解説が必要です。

英語には「否定疑問」という質問の形があります。簡単な例で言うと、

Aren't you Mr. Tanaka?
　田中さんじゃないですよね。

という否定形を使った疑問文です。日本語の場合は、自分が「田中さん」なら、「いえ、私は田中ですよ」となります。しかし英語では、自分が「田中さん」なら、Yes, I'm Tanaka. と言います。つまり、日本語とイエス・ノーが逆になるわけです。

もしも、自分が「田中さん」でない場合は、No, I'm not Tanaka. となります。つまり、**英語の場合は、答えの中身が肯定文なら Yes.、否定文なら No. を使う**のです。リサさんの原稿で、「否定で答えるときは、

質問がどんな形であろうと『ノー』と言って」と書いてあったのは、このことを指しています。

では、ちょっと練習してみましょう。

Aren't you angry?（怒ってないよね？）
①怒っている場合の答えは？
②怒っていない場合の答えは？

解答は次のとおりです。①は Yes, I'm angry.（いや、怒ってるさ）、②は No, I'm not angry.（うん、怒ってなんかないさ）。

いかがでしょう。日本語とイエス・ノーが逆なので、慣れないとイエス・ノーを間違えそうですね。

教訓16

> 誘いや提案を断るときは、ハッキリ No. の態度を示しましょう。そのときの理想の形は、①まず礼を述べ、②きちんと断り、③具体的な理由を示す、の3点セットです。
>
> それから、否定疑問文に答えるときは、答えの内容が肯定なら Yes.、否定なら No. を使います。簡単な受け答えが大きな誤解を招く恐れがあるので、注意が必要です。とっさに Yes./No. を言うのが怖かったら、Yes./No. を省略してしまうのも、うまい切り抜け方ですね。先ほどの例であれば、I'm Tanaka. とか、I'm not Tanaka. と中身だけで答えるわけです。

第5章　YESかNOか、はっきりさせて！

3 どちらともとれる曖昧な表現を使う

前項で、日本式の「考えておきましょう」という時間稼ぎは失礼だ、という話をしました。この時間稼ぎが高じると、どっちつかずの答え方をする、お茶を濁す、という最悪のパターンになります。

次の、なんとも優柔不断な受け答えをご覧ください。

ケース24 スピーチを頼まれて

BEFORE

E: I wonder if you wouldn't mind making a speech for us at the party next Monday.
   今度の月曜日のパーティでスピーチをしていただけますでしょうか。

J: Oh, I see. It would be my pleasure but I'm afraid I'm not used to speaking in such a situation.
   はい。喜んでお引き受けしたいのですが、そのような場所で話すのに慣れていないので心配です。

E: I realize that I'm asking a big favor.
   無理なお願いだとは思いますが。

J: No, no. I'm happy you asked me so, but my English is not fluent enough to make a speech.
   いえいえ、ご依頼を受けて光栄です。でも、スピーチできるほど英語がうまくないんです。

E: OK, thanks anyway.
   わかりました、ありがとう。

J: You're welcome. What time should I be there?
　　どういたしまして。パーティには何時に行けばいいですか。

E: What!? At two!
　　え？ 2時ですよ。

J: Will you check my speech before it begins?
　　始まる前に原稿をチェックしてもらえますか。

E: You mean you will make a speech for us?
　　それは、スピーチをしていただけるという意味ですか。

J: Yes.
　　ええ。

E: I thought you didn't want to make a speech.
　　てっきりスピーチをしたくないんだと思いましたよ。

　日本人が2度口にした but が、相手に深刻な影響を与えています。**but も強い否定の響きをもった言葉**です。引き受けるつもりがあるなら、「だがしかし」の連発はやめましょう。

AFTER

E: I wonder if you wouldn't mind making a speech for us at the party next Monday.
　　今度の月曜日のパーティでスピーチをしていただけますでしょうか。

J: Oh, I see. It would be my pleasure, thank you. I'm afraid my English is not good enough. Will you check my speech for me?

ええ、喜んで。英語力が十分じゃないと思うので、原稿をチェックしてもらえますか。
E: Sure.
　　　もちろん。

　今度の答えの流れは、理想的です。①まず引き受け、②礼を言い、③原稿チェックの依頼をする、という3点セットになっています。英語をチェックしてもらうのは、自分のためだけではありません。相手も、間違いや誤解を招くような表現を未然に防いで安心してスピーチを任せられる、という利点があります。むしろ喜んでいるのは相手のほうかもしれません。

　ところで、冒頭の I wonder if you wouldn't mind ～ing は、日本人には理解しにくい表現ですね。直訳すると、「あなたが～するのをイヤがるのではないかと懸念しています」という、非常に丁重な言い方です（mind は「気にする、イヤがる」という動詞です）。

　mind を使った依頼に対して Yes./No. で答える場合には、前項で触れた、内容が肯定なら Yes.、否定なら No. というルールが適用されます。つまり、「イヤ」なら Yes.、「イヤでない」なら No. なのです。これまた、日本語の感覚とは反対になります。引き受けるときに No.、断るときに Yes. なのですから。ちょっと実践練習をしてみましょう。

<u>Do you mind</u> opening the window?（窓を開けてくれませんか）

①引き受けるときの答えは？
②断るときの答えは？

　質問の文を直訳すると、「窓を開けるのがイヤじゃないですか」となります。引き受けるときは、「イヤじゃない」のだから、①は No, I don't mind. で、断るときは「イヤ」なのだから、②は Yes, I do. となります。われわれ日本人の感覚とは逆になります。

　とっさに Yes./No. を判断するのが怖かったら、Yes./No. で答えるのを避け、引き受けるなら Sure. のひとことですますのも一手です。あるいは、Sure, no problem. でもよい。これで文字どおりノー・プロブレムとなります。

　最後に、No. の言い方について補足しておきましょう。前項で述べたとおり、No. のひとことで断るのは、あまりにも情がなさすぎます。こんなとき、ネイティブはどんな表現法をとるのでしょう。

　たとえば、**No, I can't. という取りつく島のない答え方の改良型として、I don't think I can.（できると思えないんだ）というのがあります。**I don't think というオブラートに包むことによって、否定の衝撃をみごとにゆるめていますね。

　そのほか、誘いを受けたときの答え方には、次のようなものも考えられます。例によって、気に入ったものをいくつか覚えておかれるといいでしょう。

I'd like to, but...（そうしたいとは思うのですが……）

I wish I could, but...（できればそうしたいのですが……）

That's very kind of you, but...（ご親切にありがとう、でも……）

単独で理由を述べるときは、次の言葉がオブラートになります。

I'm sorry, ...（あいにく……）
I'm afraid...（残念だけど……）

教訓17

曖昧な返事をして相手に察してもらう、という甘えは英語圏では通用しません。ダメなときはキッパリとダメと言ったほうが、結局は親切になります。ただし、ダメな理由は添えてあげましょう。

Do you mind 〜ing? で聞かれたときは、引き受けるなら No.（イヤじゃない）、断るなら Yes.（イヤだ）です。日本語と肯定・否定が逆になるのでご注意を。

第6章

どうしてそんなに謝るの？

1　過剰に自己卑下する

　第4章、ケース18「質問をしたいとき」の会話のなかで、けっこう英語を話せる人が、突然、My English is poor. と自分の英語の拙さを言い訳するシーンがありました（98ページ参照）。自分の英語を過小評価するこの態度は、減点主義教育の弊害で、満点を取らないかぎり自分のミスや未熟さ（マイナス部分）にばかり目が行く悲しい習性からきているように思います。

　つまり、これまでの評価法は、どれだけできたかではなく、どれだけミスったかを強調する評価法だったということです。その結果、「ここまでできた」と胸を張ればいいのに、「ここまでしかできなかった」とうなだれる。こうして根強いネガティブ・シンキングの種が生まれます。

　その典型例となる会話を、日本通のリサさんが書いてくれました。ただし、今回だけは「アフター」の会話例がありません。これだけは「お手上げ」だそうです。では、われらが悲しい会話をご覧ください。

ケース25 自分の英語を卑下する

E: Your English is very good.
　　英語がお上手ですね。

J: Oh... I don't think it is very good, but thank you anyway.
　　ありがとう、でもそんなことないと思うわ。

E: Why don't you think it's good?
　　あら、なぜそう思うの。

J: Well, in Japan we have to study English in school for six years, but most people can't even speak!
　　日本では学校で6年も英語をやっているんだけど、ほとんどの人がぜんぜん話せないのよ！

E: You can though. And anyway, that's not your fault. It is the way you are taught that is responsible for that.
　　でも、あなたはちゃんと話せているよ。それに、べつにあなたの責任ではないし。教育の仕方に問題があるのよね。

J: What about Japanese pronunciation?
　　日本人の発音はどう思う？

E: What about it?
　　どういうこと？

J: Well... often people cannot understand what I am saying. I think my pronunciation is bad.
　　つまり、私が言っていることを相手が理解できないことが多いの。たぶん私の発音が悪いのね。

E: There are hundreds of different types of pronunciation all over the world. Think about it... Indian pronunciation, German pronunciation, Chinese pronunciation! It is a communication tool and you just have to learn to open your mind and ears!

世界中には何百と違う発音があるのよ。考えてみて。インドなまり、ドイツなまり、中国なまり。発音なんて会話の道具なんだから、まずは頭と耳をやわらかくして聞けばいいのよ。

J: OK. I guess I won't worry too much then!

そうね、あまり気にしないことにするわ。

リサさんがおっしゃるように、ネイティブだから絶対正しいなんてことはありません。English（ひとつの英語）があるのではなく、Englishes（さまざまな英語）があるのだ、という議論が、最近よくなされます。

昨年、こんなことがありました。ある出版社からCD教材を出したのですが、その編集の過程で、私が書いた、I wish I were...（〜だったらいいのにな）という英文に対して、英・米の校閲者から、「これは時代遅れの表現で、いまはあまり言う人がおりません。I wish I was... と書き換えるべきでしょう」というチェックが入りました。どうにも承服しかねるので、親友の英国人作家クリストファー・ベルトン氏に相談したところ、次のような答えが返ってきたのです。

「これは were を使うべきです。誤って was を使う人がいますが、これは間違いです。英国人は was を使っている、というのも正確ではありません。コック

ニーなまりの人が使う場合はありますが、大多数の人はwereを使うと思いますよ」

コックニーというのは、生粋のロンドンっ子特有のなまりで、たとえば「ペイパー」を「パイパー」と発音したりします。私もロンドンの木賃宿に泊まったとき、掃除のおばさんの英語が皆目わかりませんでした。宿の主人に「明日はオックスフォードに行く予定です」と言うと、「ああ、オクショードね」と言いなおされたのも印象的でした。

科学の世界と違って、言語に「絶対」はありません（最近は科学の世界でも「絶対」はないと言われていますが）。ですから、自分の英語は「60点の英語」とか「40点の英語」と卑下することはありません。アメリカに行けば、とんでもない英語を話している人がゴマンといます。それでも、自信満々で自分の人生を謳歌しているのです。だから、マイナス面にばかり目を向けるのはやめましょう。

最初にお断りしたように、この会話には「つける薬がない」ので、改善例はパスだそうです。

教訓18

「完璧な英語」というものは世の中に存在しません。感じのいい英語と感じの悪い英語はあるかもしれませんが。少しくらい間違ったっていい。卑屈になるのだけはやめましょう。ヘタでも感じのいい、さわやかな英語を話しましょう。

2 やたらに謝る（I'm sorry.を連発する）

　かつて出版社に勤めていたとき、九州有数の塾を訪ねて、学習機器のデモンストレーションを行ったことがありました。空港まで出迎えてくれた塾長さんは、ひと目会うなり、「こんな遠くまで、すんません」。その後も「すんません、すんません」の一点張りで、それが彼のトレードマークのようでした。たいへん人柄のいい塾長さんで、何をやっても愛嬌がある。その象徴が人なつっこい「すんません」でした。

　アメリカ人で I'm sorry. I'm sorry. が口癖の人、というのは考えられません。気軽に Excuse me. を口にするのはアメリカ人の特徴ですが、事が大きくなると一転して、簡単には I'm sorry. のひとことを発しない、と言われています。アメリカは訴訟社会で有名ですから、ヘタに I'm sorry. と言ってしまうとたいへんな目にあう可能性があるのです。

　かつてアメリカでこんな事件がありました。無免許の米国人少年が日本製のバイクを盗んで逃走中に、カーブを曲がりそこねて横転し、大怪我を負いました。無免許で、バイクを盗んで、スピード違反までしたのですから、少年が悪いに決まっています。しかし、この事件は裁判に発展し、結局、日本のバイク・メーカーがとんでもない賠償金を課せられました。その理由は、「バイクが横転しかかったときに、自動的に安全装置が作動するように工夫しなかったのは、メーカー側の重大な落ち度である」というものでした。少年は、罪を犯して大金をせしめたことになります。

というわけで、I'm sorry. が口癖のアメリカ人というのは、ちょっと考えられません。したがって、何かというと「すみません」を連発する日本人は、英語圏では気をつける必要があります。「すみません」の直訳のつもりで I'm sorry. を連発すると、訴訟社会のカモにされかねません。

　それは大げさかもしれませんが、少なくとも、軽い Excuse me. と重い I'm sorry. の使い分けくらいはできなくてはいけません。次の会話例をご覧ください。Excuse me. と I'm sorry. の区別がついていないウェイターの「あぶない会話」です。

ケース26 やたらに謝るウェイター

BEFORE

J: I'm sorry sir, it is non-smoking here.
　　申し訳ありません、ここは禁煙なんです。
E: I see. Can I order a meat pie and chips?
　　そうだったね。ミートパイとフライドポテトをお願いできるかな。
J: I'm sorry sir, we're sold out.
　　申し訳ありません、売り切れてしまいました。

　このようなときには、Excuse me. を使うのがふつうです。
　I'm sorry. はもっと重い言葉で、場合によると、「私に落ち度があることを認め、謝罪します。必要な

ら償いもいたします」という含意があるのです。軽々に発すべき言葉でないことが、よくわかります。また、I'm sorry. は単独で使う言葉ではなく、理由も明らかにするのがふつうです。たとえば、I'm sorry to be late. The traffic was very busy.（遅くなってごめんなさい。道が混んでいたもので）のようにです。

では、この場にふさわしい Excuse me. を使った修正後の会話を見てみましょう。

AFTER

J: Excuse me sir, it is non-smoking here.
　すみません、ここは禁煙なんです。
E: I see. Can I order a meat pie and chips?
　そうだったね。ミートパイとフライドポテトをお願いできるかな。
J: I'm afraid that we're sold out.
　あいにく売り切れなんです。

この会話について、リサさんがひとこと補足したいそうです。
「じつはこの会話で、I'm sorry. が使えるケースが、まったく考えられないわけではありません。たとえば、以前は吸えていたのに急に禁煙になったという場合は、相手に丁重に断る必要が生じます。ほんとうに申し訳ない、と思う気持ちがあれば、I'm sorry. も自然に聞こえるのです」ということでした。

次の会話は、I'm sorry. と Excuse me. の区別がついていないケースを取り上げました。すなわち、軽い

Excuse me. ですむときに I'm sorry. を使うと、相手の反応はどうなるのでしょう。

ケース27 店員にものを頼む

BEFORE

J: I'm sorry. Do you have this in a smaller size?
　ごめんなさい、これの小さいサイズありますか。
E: Let me go and check for you...（To go and check is my job. She doesn't have to say 'sorry'!）
　ちょっと見てきましょう（調べるのは私の仕事なんだから、謝る必要なんてないのに！）。

お店に買い物にきたお客さんが、店員に頼むときに、Excuse me. ではなく、I'm sorry. を使いました。すると、店員は、「これは私の仕事なんだから、いちいち謝らなくてもいいのに」と怪訝な表情を浮かべています。この場面にふさわしいのは、もちろん Excuse me. です。お客さんは何も悪いことはしていません。

AFTER

J: Excuse me. Do you have this in a smaller size?
　すみません、これの小さいサイズありますか。
E: Let me go and check for you.
　ちょっと見てきましょう。

これでこの項を閉じることにしますが、最後に、I'm sorry. に関連してふたつ補足しておきます。

　まず、日本人がよく言う「電話で失礼します」という文句。これを直訳して、I'm sorry I called. と言うと、「電話したことを後悔している」という、まったく別の意味になってしまいます。そもそも、用事があって電話をかけたのですから、謝る必要はないのです。

　もうひとつ。「妻が失礼をして（粗相をして）、申し訳ありません」という謝罪も、英語圏ではウケがよくありません。あちらは個人主義が発達していますから、人のぶんまで謝るのは、その人の人権を無視している、傲慢な態度と受け取られるのです。ペットの粗相を詫びるなら可能です。しかし、奥さんの行為について I'm sorry. を使うと、奥さんをペット並みに軽く扱っている、ととられるわけなのです。それだけ **I'm sorry. には自分で責任をもって謝罪するという重みがある**ということです。個人主義って奥が深いのですね。

教訓19

　軽い気持ちで I'm sorry. を連発するのは危険です。I'm sorry. を言うときは、深く謝罪の念をもち、請われたら弁償するくらいの覚悟が必要です。それから、西洋は個人主義ですから、奥さんのぶんまで I'm sorry. と言うのは控えましょう。奥さんの人権無視と受け取られ、ますます居心地の悪い思いをすることになります。

3 「ありがとう」のつもりで「すみません」

　前の項でご紹介した塾長さんの「すんません」は、多くの場合「ありがとうございます」の代わりでした。たしかに、日本人のなかには「ありがとう」のつもりで、「すみません」とか「恐縮です」と言う人がいます。しかし、何度も言うように、**I'm sorry. は心からの謝罪の気持ちを表す言葉ですから、どうひっくり返しても「ありがとう」の代役にはなりません**。次の会話例をご覧ください。

ケース 28　タバコの火を借りる

BEFORE

J: Sorry, do you have a fire?
　　ごめんなさい、火をもっていますか。
E: A fire?　What do you want a fire for?　It's not cold!
　　火？ なんで必要なの？ 寒くないよ。
J: My cigarette!
　　タバコの！
E: A light! You want a light!?
　　タバコの火ね！ ライターが欲しいのね。
J: Yes please. I want to fire my cigarette.
　　ええ、タバコに火をつけたいんです。
E: I can't give you a fire but I can give you a light! Here you go.

火はあげられないけれど、ライターの火ならあげられるわ。はい、どうぞ。

J: Sorry but thanks a lot.
　　ごめんなさい。ありがとう。

E: Why do you say 'sorry'? You needn't apologize.
　　どうしてそんなに「ごめんなさい」と言うの？ 謝る必要なんてないのに。

　この日本人は、「ごめんなさい」と「ありがとう」がみごとにゴチャゴチャになっているようです。
　ところで、タバコの火は、この会話にあるようにfire ではなく light です。たとえば、気を利かせて、「タバコの火をおつけしましょう」のつもりで、I'll make a fire. と言ったとすると、相手は何かに火をつけるのだと思ってビックリするにちがいありません。このようなときは、May I light your cigarette? のように言います。
　では、「ごめんなさい」と「ありがとう」の区別がきちんとできている会話を見てみましょう。

AFTER

J: Excuse me, do you have a light?
　　すみません、ライターをおもちですか。

E: Sure. Here you go.
　　はい、どうぞ。

J: Thanks.
　　ありがとう。

E: No worries. Have a good night!

どういたしまして。ごきげんよう。
J: You too.
　　　あなたも。

　タバコの火を貸してもらったくらいでは、心から謝罪したり、弁償の覚悟をする必要はありません。つまり、I'm sorry. は不要だ、というわけです。

　ところで、「ありがとう」や「どうも」という言葉について、ちょっと補足しておきます。日本人はこの言葉もけっこう不用意に口にする傾向があります。もちろん日本人どうしなら、ぜんぜん問題はありません。ネイティブに対して、漠然とした「どうもどうも」は通じにくいのです。

　たとえば、「その節はありがとうございました」とか「先日はどうも」のつもりで、Thank you for the other day. と言っても、イマイチ通じません。

　英語圏では、その場で礼を言ったことについては、いつまでも恩に着るような発想がないのです。それで、「先日はどうも」のような漠然とした感謝の言葉に対して、どう反応していいかわかりません。日本人どうしなら、「先日はどうも」の内容を察して「いえいえ」となります。ですが、過去のことでネイティブに礼を言いたければ、次のように、具体的に理由を添えるほうがいいのです。

Thank you for a good time, yesterday.
　昨日は楽しい時間をありがとう。
Thank you for dinner, yesterday. I enjoyed it very

much.

　昨日は食事をありがとう。とても楽しかったです。

　ここらへん、以心伝心を旨とする日本流の会話との微妙な違いに気づいてあげると、意思の疎通がよりスムーズになります。単純化して言うと、日本語は曖昧の美徳を重んじるのに対し、英語圏では具体性・明確性が尊ばれる、ということです。

教訓20

> Thank you. のつもりで I'm sorry. と言っても（当然ながら）ネイティブには通じません。また、「ありがとう」を言うときは、理由を添えてあげると親切です。せっかく礼を言うのなら、何の礼かわかるように言ってあげましょう。

第7章
あなた丸出しの英会話を！

1 We Japanese を連呼する
（日本人はみんな同じか？）

「われわれ日本人は……」という表現をそのまま英語にして、We Japanese とよく言う人がいます。しかし、この We Japanese はふたつの理由で評判が悪いのです。

第1の理由は、日本人を十把一絡げにする言い方が、はなはだ論理的でないこと。

たとえば、「われわれ日本人は無宗教です」のつもりで、We Japanese are not religious. と言ったとします。これは、論理的には、日本には特定の宗教に帰依している人はひとりもいないということを表しており、とても頷ける発言とは言えません。こんな粗雑な抽象論を説くヒマがあったら、自分はどうなのかを具体的に話すべきでしょう。

第2の理由は、We Japanese という言い方は、「日本人はこうなんだ、あなたたち外国人とは違うんだ！」という、きわめて排他的な響きをもっていることです。

たとえば、We Japanese love nature.（われわれ日本人は自然を愛します）と言ったとすると、「では、日本人以外は自然を愛さないとでも言いたいのですか！」と気色ばまれても仕方ありません。We Japanese に

は、自分がすべての日本人の代表であるかのような、不遜(ふそん)な響きもあります。たとえ、そのつもりはなくとも。

次の会話例は、問題の We Japanese という表現が3回も登場する「力作」です。さっそく見てみましょう。

ケース29 趣味を聞かれて

BEFORE

E: You are always as busy as a bee. Why do you make your schedule so hard?

　あなたたちはいつも、まるでハチのように忙しいのね。なんでそんなにスケジュールをギッシリ詰めるの？

J: We Japanese think that being busy is a good thing. We often use the word 'busy' in greetings.

　われわれ日本人は忙しいことがいいことだと思ってるの。挨拶にも「忙しい」という言葉をよく使うのよ。

E: Really?

　ほんとう？

J: We Japanese say "You look busy." instead of "How are you?" and "Thank you for coming though you are busy." even if he is not busy.

　われわれ日本人は「お元気ですか」の代わりに「お忙しそうですね」と言ったり、たとえ忙しくなくても「お忙しいところをお越しいただきありがとうご

ざいます」なんて言うのよ。

E: Oh, it's quite odd for me. Then you don't have any time to relax!
　へえ、変わってるね。それじゃ、くつろげる時間がぜんぜんないじゃない！

J: Yes, we have. We can relax once in a while.
　もちろん、あるわよ。ときにはゆっくりするわ。

E: So what do you do in your free time?
　じゃあ、ヒマなときは何をしているの？

J: My hobbies are sleeping and listening to music.
　私は寝ることと音楽を聴くのが趣味なの。

E: They're not hobbies! You HAVE to sleep and listening to music is just something you like doing. It's not a hobby! Not everyone has hobbies you know!
　それって趣味じゃないよ。寝るのは最低限必要なことだし、音楽を聴くというのはたんに好みの問題でしょ。趣味とは言えないわ。だれもが必ずしも趣味をもっているわけじゃないのよ。

J: We Japanese often say so. What's a hobby then?
　われわれ日本人はたいてい私と同じように言うよ。じゃ趣味って何なの？

E: A hobby is usually something like collecting stamps or collecting special 'manga' or doing some kind of craft, like sewing or making jewelry. Hobbies are kind of special!
　趣味というのはふつうは切手や特別な漫画を集める

ことや、裁縫や宝石をつくるなどの手工芸の類を言うの。趣味は何か特別なことよ。

J: Oh... well I guess I don't really have a hobby then.
ああ、それなら私は趣味をもってないな。

「忙しい」という言葉は、時間のやりくりがうまくない、ということを暗に意味するので、ネイティブの間では評判の悪い言葉です。ましてや「お疲れさま」のつもりで、You must be tired. などと言ったら、相手をひどく傷つける可能性があります。

では、修正後の会話を見てみましょう。どうやら「寝ること」は趣味からはずれたようです。また、We Japanese という表現も姿を消し、話はどんどん盛り上がっています。

AFTER

E: You are always as busy as a bee. Why do you make your schedule so hard?
あなたたちはいつも、まるでハチのように忙しいのね。なんでそんなにスケジュールをギッシリ詰めるの？

J: Well I like my job and I actually like being busy. In Japan people believe that being busy is a good thing. We often use the word 'busy' in greetings.
私の場合、仕事が好きだし、忙しいのも好きなんだ。日本では忙しいのはいいことだと信じられているの

よ。挨拶にも「忙しい」という言葉をよく使うのよ。

E: Really?

ほんとう？

J: We say "You look busy." instead of "How are you?" and "Thank you for coming even though you are busy." as a greeting.

「お元気ですか」の代わりに「お忙しそうですね」と言ったり、「お忙しいところをお越しいただきありがとうございます」なんて言うのよ。挨拶代わりにね。

E: Oh, it's quite odd for me. Then you don't have any time to relax!

へえ、変わってるね。それじゃ、くつろげる時間がぜんぜんないじゃない！

J: I enjoy my bath time every night!

私は毎晩、お風呂でくつろぐの。

E: So, do you do anything interesting in your free time?

ヒマなときは何かおもしろいことしてる？

J: Well... I don't really have any hobbies... like knitting or sewing or anything like that, but I do love music. I often go to see live bands.

そうね……編み物や裁縫のような趣味はとくにないけれど、でも音楽は好きなんだ。よくバンドのライブには行く。

E: That's cool. Have you seen any interesting bands recently?

いいね。最近何かいいバンド見た？

第7章 あなた丸出しの英会話を！　145

J: Yeah... I saw this crazy German band called Ramstein! Their stage show is crazy. Insane!

そうね……ドイツのラムシュタインという、いかれたバンドを見た。ステージは狂気の沙汰、正気じゃないね。

E: Why? What do they do?

なんで？ どんなことをするの？

J: They set themselves on fire in the first two minutes of the show!

ショーの最初の2分間は自分に火をつけたりしてた！

E: Wow! I'd love to go and see them.

わー、見てみたいな。

J: Do you go to see live bands?

あなたはライブに行ったりする？

E: Yeah, sometimes. I spend a lot of time at home though and on weekends I like to go and do something interesting. Actually, I play paintball up in Hikone once a month.

ええ、ときにはね。でも、ふだんは家で過ごすことが多くて、週末はどこかに出かけておもしろいことをすることが多いな。月に一度は彦根でペイントボールをするのよ。

J: Paintball... what's that?

ペイントボールって……それ何？

E: It's a game where you go out and shoot people in the forest with paint guns! It's SO much fun.

森に出かけてペイントガンで人を撃つゲームなの。

すごくおもしろいよ！
J: Can I join you some time?
　　いつか連れてってくれる？
E: Yes! We're going next weekend if you want to come.
　　もちろん。もし行きたいなら来週末行くよ。
J: I'd love to.
　　ぜひ。

　十把一絡げの表現を避けるためには、次のような言い方がいい、と早稲田大学のバーダマン教授が指摘しておられます。

　　<u>Most American people</u> like to try new things.
　　　概してアメリカ人は新しいことに挑戦するのが好きです。
　　<u>Among the Italians</u>, soccer is very popular.
　　　イタリア人の間ではサッカーが人気です。

　いちばんよくないのは、英語が通じないのを国民性の違いという別の問題に置き換えて、次のように言うことです。

　　We Japanese are different from you. You foreigners can't understand us.
　　　われわれ日本人はあなた方とは違います。あなた方外国人には私たちのことは理解できません。

ここで使われている foreigner という言葉は、「よそ者」という響きをもち、ネイティブがもっとも嫌う言葉です。たとえば、「あなたは外国の方ですか」と聞きたいとき、Are you a foreigner? では喧嘩を売っているようなもの。Are you a visitor to Japan? のように聞くべきでしょう。

教訓21

　We Japanese という言い方は、非論理的、かつ排他的な響きをもっているので避けましょう。また、foreigner という言葉は、外国人を「よそ者」として差別するニュアンスをもっているので、注意が必要です。

　ただし、foreign という形容詞はニュートラルな言葉です。たとえば、foreign language は「よそ者の言葉」ではなく「外国語」です。

2 相手に合わせすぎる

　これは、日本人どうしの会話でも言えることですが、自分の意見がなく、相手に同調するだけでは会話は成り立ちません。会話は対等なふたりの間の共同作業です。

　概して日本人は自分の意見を明確に表明することが苦手ですから、ネイティブ相手の英語での会話となると、余計に自分の意見を出しにくくなります。ヘタをすると、曖昧に同調したつもりの Yes. Yes. を肯定と誤解されて、思いもよらぬ方向に話が進んでしまう、ということにもなりかねません（第5章参照）。

　もっと主観的に会話をしましょう。たとえ相手と意見が分かれても、素直に自分の思うこと、感じることを言うほうがいいのです。

　次にお見せするのは、買い物につきあっている日本人が、相手の言うことにあまりにも忠実なため、ネイティブにあきれられている会話例です。

ケース30 買い物につきあう

BEFORE

E: I want to buy something for my mother's birthday.
　母の誕生日に何か買いたいんだ。

J: Oh, that's a good idea.
　それはいい思いつきだね。

E: I'm thinking of giving her a bag. She needs a

bag to put a lot of things in for work.

　バッグをプレゼントしようと思っているんだ。仕事にもっていくものがいっぱいあるから、それを入れるようなバッグが必要なんだ。

J: I'm sure that she'll be happy with a bag.

　バッグならきっと喜ぶと思うよ。

〔お店で〕

E: What do you think about this?

　これなんてどう？

J: It's nice.

　いいね。

E: Is it too big?

　大きすぎるかな。

J: No, I don't think so.

　そんなことないよ。

E: But it might be a little bit heavy if she put all her things in it.

　でも、荷物を全部入れたらちょっと重くなるかもしれないね。

J: That's right.

　それもそうだね。

E: Maybe I should get this lighter one.

　こっちの軽いカバンのほうがいいかも。

J: Yes... that one looks OK too.

　そうねえ……それもよさそうだね。

E: How about the color? I like this white one.

　色はどう？　この白いのが気に入ったな。

J: It's cool.

カッコいいじゃない。

E: It might get a bit dirty though.
汚れやすいかな。

J: Maybe so.
だわね。

E: Then I'll get this one instead.
じゃ、こっちのにしようかな。

リサさんはこうコメントしています。
「これでは会話とは言えません。この人は相づちを打っているだけですが、相手は意見を求めているのです。意見を求められたら、何か助言をするよう心がけるべきです」

では、きちんと意見を述べている会話例を見てみましょう。

AFTER

E: I want to buy something for my mother's birthday.
母の誕生日に何か買いたいんだ。

J: That's a good idea.
いい思いつきだね。

E: I'm thinking about a bag. She needs a bag to put a lot of things in for work.
バッグにしようと思っているんだ。仕事にもっていくものがいっぱいあるから、それを入れるようなバッグが必要なんだ。

J: I'm sure she would love a bag.
バッグならきっと喜ぶと思うよ。

〔お店で〕

E: What do you think about this?

　これなんてどう？

J: It's nice.

　いいね。

E: Is it too big?

　大きすぎるかな。

J: No, I don't think so, she can put all her stuff in it. But it might be a little bit heavy if she puts everything in it.

　そんなことないよ。持ち物がいっぱい入るし。でも、中身がいっぱいだとちょっと重くなってしまうかもね。

E: That's right. Let's try to find another lighter one... How about this? I like this white one.

　そうだね。もう少し軽いのを探してみよう……。これなんてどう？ この白いのが気に入ったな。

J: It's cool, but it might get dirty easily.

　カッコいいね。でも、汚れやすいかな。

E: I think it's all right. She doesn't have to use the rush hour bus.

　大丈夫でしょう。彼女はラッシュアワーのバスに乗らなくていいから。

J: I see. I think it's a nice one.

　なら、これがいいかも。

E: Yeah, I'll get this.

　そうだね、これに決めた。

J: Great.

よかったね。

　この会話のなかの What do you think about this? は、相手の意見を求めるときの典型的な聞き方ですが、この表現について、ちょっと補足説明をしておきましょう。日本語では、「どう思う？」とか「どう考える？」と聞くのがふつうなので、そのまま英語にして、How do you think about this? と How で聞いてもよさそうに思います。しかし、英語では、必ず What do you think...? なのです。

　おもしろいことに、動詞が feel の場合は、今度は How を使うのが通例です。つまり、**「何を考えるか」「どう感じるか」**というのが英語の発想法なのです。「考え」というのは、日本人が考えるよりカッチリしたものなのでしょう。そういえば、「考えるのは頭であり、感じるのは腸である」と説く本もあるくらいです。もう一度、ふたつの表現をくらべてみましょう。

What do you think about this?
How do you feel about this?

　こんなところにも日本語と英語の発想の違いが出るというのは、おもしろいことですね。
　なお、ふたつめの How do you feel about this? は相手の心情を尋ねる聞き方になります。たとえば、How do you feel about the death penalty?（死刑についてどう思う？）のように。

では、「付和雷同型英会話」の第2例を見ることにしましょう。今度は、レストランで注文を決めるというシチュエーションです。とっさにメニューを読み取る力がない場合、どうしても相手に合わせがちですが、それが"みえみえ"だと、やはり感じが悪いようですね。

ケース31 メニューを見ながら

BEFORE

E: What would you like to order?
　　何を注文する？

J: I have no idea, everything is OK for me.
　　べつに、何でもいいわ。

E: How about this A set?
　　このAセットはどう？

J: Oh, looks good.
　　よさそうだね。

E: Maybe I think this set menu is too much for me.
　　でも、私には量がちょっと多そうだな。

J: Yes, I think so too.
　　そう言えばそうだね。

E: But if you want salad and coffee after lunch, it would be cheaper.
　　でも、サラダとコーヒーが欲しいんだったら、こっちのほうが安いかなあ。

J: Oh, yes it is.

そうだね。

E: I don't need coffee.
コーヒーはいらないな。

J: It's OK for me.
それでもいいよ。

E: I'll take A set.
Aセットにしよう。

J: Me too.
じゃ私も。

E: You don't have to order the same thing.
べつに私に合わせる必要はないんだよ。

ネイティブの側から見ると、「自分が何を食べたいかがわからない」というのはかなり奇妙なことです。これをさらに押し進めていくと、「自分がどこに行きたいかわからない、自分が何をしたいかわからない」という不可解な状態に行き着きます。

ですから、ときどき「自分は何が好きか、自分は何を求めているか」と自問して、「自分確認」をするのは、いいことではないでしょうか。そうしないと、知らないうちに、読みたくない本を読んだり、会いたくない人に会ったりして貴重な人生の時間を浪費することにもなりかねませんから。

話が少しそれました。Aセットの話に戻しましょう。

AFTER

E: What would you like to order?
何を注文する？

J: I have no idea. Anything is OK for me.
　　何でもいいよ。
E: How about this A set?
　　このAセットはどう？
J: Oh. That might be too much for me. I might have this pasta.
　　あー、私には多すぎるかも。このパスタがいいな。
E: Well I would like to have B set.
　　じゃあ、私はBセットにしよう。
J: OK. Excuse me... waiter!
　　オーケー。《ウェイターに向かって》すみませーん。

今度はすんなり行きました。「Aセットはどう？」と振られて、堂々と「パスタ」を選択しています。
　ところで、**英会話においては、抽象論や客観論よりも、主観を出すこと、主体的に発言することが喜ばれます**。そのための表現ツールは、こんなにたくさんあります。

I think...
I believe...
I feel...
I find...
I hope...
I'm afraid...

ところで、I think... と I feel... の違いについて、玉川大学の大内博教授が、たいへん興味深いことを書い

ておられます。要点を抜き書きしますと……。

What do you think...? と聞かれれば、ためらいなく I think... で答えられます。何を考えているかは、左脳的な logic（論理）の問題として処理できるからです。ところが、How do you feel...? と聞かれると答えるのが難しい。自分の思いを言葉にするのが難しいからです（『コミュニケーションの英語』参照）。

たとえば、奥さんについてどう思うか聞かれたら、「彼女はすばらしい女性です」とかなんとか答えることができます。ところが、How do you feel about...? で尋ねられると、答えるのがとたんに難しくなる、というのです。大内さんは、このようなシチュエーションで、I feel a deep love toward her.（彼女に深い愛情を感じます）と答えて、なんとかその場を乗りきった、とおっしゃっています。

気持ちを表す I feel... には、こんなにバリエーションがあります。シチュエーションに応じてお使いください。

I feel happy.（幸せです）
I feel sad.（悲しいです）
I feel down.（落ち込んでいます）
I feel envious.（うらやましいです）
I feel excited.（ワクワクしています）
I feel nervous.（緊張しています）
I feel pressed.（プレッシャーを感じます）

I feel scared.（怖いです）

I feel sorry.（お気の毒です）

I feel worried.（心配です）

I feel exhausted.（くたくたです）

教訓22

　日ごろから、自分の好みや考え方を確認しておくと、とっさの英会話に役立つ場合があります。まず、I think... が言えるようになりましょう。次に、I feel... が言えるようになりましょう。

第8章

相手のことを考える余裕を！

1 無神経な質問をする

　日本に着いたばかりのハリウッドスターに、日本人のインタビュアーが決まって発する質問に、「日本の印象はいかがですか？」とか、（相手が男優の場合）「日本の女性をどう思いますか？」というのがあります。まだ、ろくに日本の景色すら見るヒマがなく、成田から記者会見場に移ったばかりのスターに、これらの質問をすることに何か意味があるのでしょうか。まあ、ハリウッドスターのほうも、これが日本文化圏への通過儀礼と思って観念しているようですが。
「日本はどうですか？」と聞くときに、How about Japan? と聞く人がいますが、この質問だと、聞かれたネイティブは一瞬何を聞かれたのか判断できません。How about...? という疑問文は、次のようなシチュエーションでなされるのがふつうなのです。

A: Do you like soccer?
　サッカーは好き？
B: It's not my favorite sport.
　好みじゃないな。
A: How about baseball?
　じゃ、野球は？

つまり、簡単に言うと、How about...? は「それじゃ、～はどう？」という聞き方なのです。突然、「じゃあ、日本はどう？」と聞かれても答えようがありませんよね。何に対して「じゃあ」なのかわかりませんもの。ハリウッドスターが戸惑うのも無理ないことなのです。まして、How about Japanese women? は言語道断の質問でしょう。

　このように、あまりにも唐突すぎて答えに窮する質問を、なかば無意識にしてしまうことがよくあります。初対面でいきなり How old are you? とか Where do you live? と聞くのも、唐突すぎます。聞き方が悪いと、警官の尋問を受けているような気分になる、と訴えるネイティブすらいます。次にお見せするのは、そんな無神経な質問で相手をいらだたせているケースです。

ケース32　尋問みたいな会話

BEFORE

J: Are you married?
　　結婚なさっているの？

E: Yes, I am.
　　ええ。

J: Do you have any children?
　　お子さんはいらっしゃるの？

E: No... no children.

いいえ……いませんけど。
J: Why don't you have any children?
　なぜ子どもがいらっしゃらないの？
E: Well actually... that is really none of your business.
　あのね、ハッキリ言ってね……あなたには関係ないでしょう。
J: Oh. Sorry.
　あっ、ごめんなさい。

　英語圏では一般に「結婚なさっているの？」や「お子さんはいらっしゃるの？」は初対面では避けるべき、プライバシーに踏み込みすぎた質問だとされています。まして、子どもがいない理由を聞くのは、事が「ビミョー」すぎます。

　ただし、リサさんは、次の修正後の会話も「結婚なさっているの？」で始めています。きわどい質問で始めても、次のような展開なら、かろうじて相手の怒りを買わずにすむ、というところを示したかったのかもしれません。

AFTER

J: Are you married?
　結婚なさっているの？
E: Yes, I am.
　ええ。
J: Just the two of you?
　ご家族はお二人？

E: Yeah... no children... that's why we're here!
えぇ……子どもはいません。だからこうして二人でここにいるんです。

J: What do you think of Japan so far ?
いままでのところ、日本についてどう思いますか。

E: I'm really enjoying it.
楽しんでいますよ。

先ほど How about Japan? はよくない、という話をしましたが、この会話例では、What do you think of Japan so far ? という聞き方がされています。What do you think...? については、前章で触れましたね。

このほか、日本人がよくする、初対面にふさわしくない質問には、次のようなものがあります。

Why did you come to Japan?（なぜ日本に来たんですか）
What is your purpose in Japan?（日本での目的は何ですか）
When will you leave Japan?（いつ帰国なさるのですか）

これではまるで入国審査官です。これらの質問を受けたネイティブは、「来なくていいのになぜ来たんだ」とか「いつになったら帰るんだ」と言われているようなイヤな気分を味わうそうです。

もうひとつネイティブが嫌う質問が、これです。

Can you speak Japanese?（日本語は話せますか）

そもそも Can you...? は相手の能力の有無を尋ねる言い方です。われわれだって、「あなたは英語を話す能力がありますか」と尋ねられたら、決していい気持ちはしないでしょう。では、どうすればいいかというと、じつに簡単な解決法があります。Can you ではなく Do you で聞けばいいのです。

Do you speak Japanese?（日本語を話しますか）

Do you で聞けば、話すか話さないかという事実を聞いただけで、相手の能力の有無を聞いたことにはなりません。

同様に、Can you drive?（運転できる？）は Do you drive?（運転しますか）と聞くほうがはるかにベターです。

なぜ Can you という聞き方がまずいかは、No で答える場合の形を見ればわかります。すなわち、No, I can't drive. は「私には運転する能力がない」ということを表し、「運転できるようになる可能性」すら否定してしまうからです。

よく教科書に、Can you shut the window?（窓を閉めてくれる？）という「依頼」の表現が見られますが、だれだって窓を閉める能力はあるはず。せめて Will you shut the window? に改めたいところです。

教訓23

　初対面の相手に年齢や、既婚かどうかを尋ねるのは、唐突すぎます。性別のまぎらわしい人に「あなた男？」と聞くのに似たあつかましさです。

　ところで、How about...？は「じゃあ、〜はどうなの？」という意味を表します。いきなりHow about Japan?（じゃあ、日本はどうなの？）と聞かれても、相手は何を聞かれているのかわかりません。

　最後に、Can you...？という疑問文は禁句なので、避けましょう。×Can you understand?

2　外国人はこうだと決めつける

以前、こんなことがありました。

代々木駅の近くの札幌ラーメン店でラーメンを食べていると、中南米から来たとおぼしき30歳くらいの男性が入ってきて隣の席に座りました。店主が「どのラーメンにしますか。しょうゆ、味噌、塩とありますが」と尋ねると、質問の意味がわからないらしく、助けを求めて私のほうを見ます。仕方なく、3種類のラーメンがあることを英語で説明し、私が食べているのがいちばんスタンダードな「しょうゆ」だと言うと、彼はしょうゆラーメンを注文しました。

私は彼に興味をもち、Where do you come from?（どちらの国から来ましたか）と尋ねました。しばらく沈思黙考したあと、彼が言った答えがケッサクでした。

「フロム・ヨヨギ」

つまり、この人は英語がほとんどできなかったんですね。私の質問を、Where did you come from?（どっちのほうから来ましたか）と聞き違えたようです。それでも私たちはカタコトの英語を使ってやりとりを進め、彼がコロンビアから来たエンジニアだということだけはわかりました。たしかロブレドさんとかいう名前でした。

われわれは、外国人を見ると英語が話せるはずだと思いがちですが、この例のように、英語が話せない外国人もたくさんいます。

この項では、「外国人はこうだ」と決めつけるのは

危険である、という話をしたいと思います。

最初に取り上げるのは、英語を話している外国人を見るとアメリカ人だと決めつけるケースです。実際には、イギリス人かもしれないし、カナダ人かもしれません。あるいは、英語を上手に話すフランス人かもしれないのです。非アメリカ人はアメリカ人と間違われると、大きなフラストレーションを感じるようです。

では、次の短い会話をご覧ください。

ケース33 外国人と見ればアメリカ人と思い込む

BEFORE

J: Hello. Are you American?
　こんにちは。アメリカ人ですか？

E: No... I'm not actually. Not everyone is from America!
　いや、違いますよ。だれもがアメリカから来たわけじゃないんですよ！

J: Oh... sorry.
　ああ、失礼しました。

国籍を間違われるのは、あまり気持ちのいいものではありません。私はロンドンの木賃宿で中国人だと決めつけられて往生しましたし、息子はニューヨークでインド人だと決めつけられて困ったそうです。こうしてみると、この手の外国人に対する「思い込み」は万国共通なのかもしれませんね。

では、「思い込み」に支配されていない会話に直してもらいましょう。

AFTER

J: Hello. Where are you from?
こんにちは。どちらからいらしたのですか。

E: Canada.
カナダです。

J: Oh really. Where in Canada?
そうですか。カナダのどこですか。

E: Vancouver... on the west coast.
バンクーバー……西海岸です。

J: Vancouver... I've heard it's a beautiful city.
バンクーバーですか……美しいところだと聞いています。

E: It is... thank you. How about you? Where are you from?
そうなんですよ、ありがとう。で、あなたは？ どちらのご出身ですか。

J: Hokkaido.
北海道です。

この会話のなかに、How about you? という表現が出てきましたね。すでにご説明したとおり、これは「じゃあ、あなたは？」という言い方です。このように、すでに話題の方向が定まったときに用いる言葉なのです。いい復習ができました。

第8章　相手のことを考える余裕を！

さて、次の会話で扱うのは、「外国人は箸を使えない」という思い込みです。これは偏見に近く、上手に箸を使う外国人を見ると、すかさず「お上手ですね」と声をかける人がいるくらいです。しかし、日本に長く住んでいる人なら箸を使うくらいなんでもありません。いちいち褒められたり驚かれたりするのがわずらわしくてかなわない、と言います。

　この偏見は、裏を返せば、「箸を上手に使えるのは、われわれ日本人くらいだ」という悪しき一般化からきています。「われわれ日本人」は排他的な発想なんでしたね。

　では、リサさんの書いた会話を見てみましょう。

ケース34　箸を使う外国人を見て

BEFORE

J: Wow... you can use chopsticks!
　　わあ、箸が使えるんですね！

E: Yes of course. They're not that difficult to use.
　　もちろん。そんなに難しくないよ。

J: But I didn't think foreigners could use chopsticks.
　　でも、外国人が箸を使えるとは思わなかったな。

E: Japan's not the only country that uses chopsticks! Can you use a knife and fork!?
　　箸を使う国は日本だけじゃないんだ。キミはナイフとフォークを使えるかい？

J: Of course!

もちろん。

　この会話例に対するリサさんの解説文は、いつになくシビアです。
「多くの外国人はこのコメントを侮辱的なことだと感じています。自分にとって侮辱的だというだけでなく、そのコメントを言った人の知性までも疑われます。もし目の前でだれかが箸を使っていても、そのことに関して何かを言う必要はありません。箸を上手に使っているのは一目瞭然なのですから」

　きっとリサさん自身、何度もこの件でイヤな思いをしておられるのでしょう。おまけに、この会話のなかには、ごていねいに foreigners という最悪の言葉も使われています。さらによくないのは、can です。You can use chopsticks! は「あなたには箸を使う能力があるんですね」という超失礼な驚嘆なのです。ネイティブは怒っています。その証拠に、Can you use a knife and fork!? と皮肉たっぷりに"復讐"しているではありませんか。

　では、修正後の会話はどのようになったのでしょう。

AFTER

J: Did you use chopsticks much when you were back in Canada?

　カナダにいたときにもよく箸を使っていたんですか。

E: Yes... but not as well as I do now. They're not that difficult to use. It doesn't take long to look like an expert!

 うん、いまほど日常的ではなかったけどね。そんなに難しくはないよ。あっというまに"名人"になれるよ！

J: Which do you prefer using, chopsticks or a knife and fork?

 箸とナイフやフォークでは、どちらを使うのが好きですか。

E: It really depends on what I'm eating. Of course I prefer a knife and fork if I'm eating steak, but for Japanese food I prefer chopsticks.

 それは何を食べるかによるね。ステーキを食べるならもちろんナイフとフォークがいいし、和食ならお箸がいいね。

この会話からは、失礼千万な Wow! も、排他的な foreigners も、イヤミな can も姿を消しています。これでひとまず一件落着です。

教訓24

> 英語を話すのはアメリカ人だけではありません。また、人間である以上、だれでも箸を使う能力はあります。日本人がナイフやフォークを使えるように。

3 相手の文化を理解しない

最近テレビで血液型の話が盛り上がっています。初対面でも必ず盛り上がるのが血液型の話です。日本人どうしなら、だれもが乗ってくれるのが血液型の話、という「思い込み」が高じると、外国人も同じだろうという「勘違い」に発展します。ところがどっこい、英語圏の人たちは、血液型にはほとんど関心を示しません。そもそも、自分の血液型を知らない人がざらにいます。これはウソではありません。ですから、会話をするときは、自分の文化圏ではなく、相手の文化圏にも配慮する必要があります。

次の例は、ネイティブ相手に血液型の話題で会話を盛り上げようとして失敗したケースです。この会話には修正例はありません。なぜなら、血液型が話題にならないと知った日本人が、とっさの機転で話題を星座に切り替えて、功を奏しているからです。というわけで、次の会話は、失敗と成功の"相盛り"です。

ケース35 血液型と星座

J: Hey Jeanie, what's your blood type?
　　でさ、ジェニー、キミの血液型は何型？

E: My blood type? I've got no idea! I've never donated blood and I've never really needed to know. I guess I should find out in case I'm in an accident, shouldn't I!?

私の血液型？　そんなの知らないわ。献血をしたこともないし、必要だと思ったこともないもの。何か事故にでもあったら調べるとは思うけど。

J: You're kidding right!? You don't know your blood type!?

　　　ウソだろう？　自分の血液型も知らないの!?

E: No. I've never needed to. Why? What's the big deal?

　　　うん、必要だと思ったこともないし。なんで？　そんなに大事なことなの？

J: Blood type is really important here. It kind of tells us a little about personality types.

　　　日本では血液型の話題はウケるんだがなあ。性格判断によく使われるし。

E: Really? Wow... weird. We just go by our star signs... our zodiac signs. Nobody cares what kind of blood type anyone is, unless of course they need a transfusion!

　　　ホント？……奇妙な話ね。私たちはふつう星座……星座占いを使うわ。輸血を必要としないかぎり、だれも血液型なんかに興味を示さないわよ。

J: What's your star sign then?

　　　じゃあ、キミの星座は何なの？

E: I'm a Scorpio.

　　　蠍座よ。

J: What does that mean?

　　　それは何を表しているの？

E: Well... Scorpios are meant to be quite spirited.

そうね……蠍座は「一途」なのよね。
J: What do you mean, spirited?
一途って？
E: Well... Scorpio characters are pretty intense. They are very loyal friends, but if someone crosses them, they never forget it.
ええと、蠍座はとても情熱的。すごく誠実な友だちになるんだけど、一度すれ違いが生じると、執念深いの。
J: What do you mean by 'cross'?
すれ違いって？
E: You don't really want to do anything bad to a Scorpio because they will never forget about it! They are good at holding a grudge.
ひどい仕打ちを受けると決して忘れないから、蠍座の人にそんなことをしようと思わなくなるわ。だって恨みをずっともちつづけかねないもの。
J: Wow... is that you?
うわー、キミはそういうタイプなの？
E: To be perfectly honest... I don't really believe in it. What about you? Do you really believe that your blood type is a sign of your character?
ほんとうのことを言えば、私信じてないのよね。あなたはどうなの？ 血液型性格診断とやらを信じているの？
J: Well... Hey... what's my star sign?
どうかな……。ところでさ、ぼくの星座って何だろ？

E: When's your birthday?
誕生日はいつなの？

　ご覧のとおり、血液型の話はネイティブにはまったくウケません。これは、文化の違いなので、どうしようもありません。その代わり、彼らは星座には興味を示します。
　血液型について、ひとつ忘れられない思い出があります。クリストファー・ベルトンさんとの共著『英語のセンス』のために、彼に大量の例文を書いてもらったことがあるのですが、そのなかにひとつだけ血液型に関する文があったのです。

It is unfair to assume a man incompetent merely because he has B-type blood.
　たんに血液型がB型だというだけで、その人を無能呼ばわりするのは不公平だ。

　血液型を話題にするあたり、日本通のベルトン氏の面目躍如といったところです。彼の名誉のために言っておきますが、これは、共著者の私がB型だとは知らずに書いた例文です。

◉レディーファーストという発想
　さて、この項のテーマは「相手の文化を理解しない」でした。血液型以外にもいろいろな例が考えられますが、最後に「**相手の文化も変化する**」というケースを取り上げてみたいと思います。

われわれには、欧米社会は「レディーファースト」という通念があります。このマナーが身について、はじめて国際的な紳士になれるのだという「思い込み」です。ところが、この「レディーファースト」という紳士たるもののマナーが、いまや時代遅れになりつつある、というのです。

　アメリカのビジネス社会では、近年、男女平等の意識が発達し、「レディーファースト」という風習は時代錯誤(さくご)の性差別の発想という烙印(らくいん)を押されつつあるのです。このことを知らない日本のビジネスマンが、交渉相手の米国企業の女性社長をエレベーターのところに誘導し、「レディーファースト」と言ったために交渉をふいにした、という話もあるくらいです。ちなみに、「レディーファースト」は、英語では'Ladies first'と複数形で表現します。

　初対面のときの自己紹介にも、文化の差が表れます。日本人は、「私はこういう者で」とくだくだ説明しようとしますが、ネイティブ相手にこのような前置きは不要です。これでは、「自己紹介」ではなく「自己説明」になってしまいます。むしろ、自分の名前を告げて、しっかり相手の目を見る。こうしてアイコンタクトをとれば、スムーズに会話がスタートします。相手の人となりは、会話していれば自然にわかるのです。

　それから、日本のビジネスマンは会ったとたんに名刺交換するのが慣わしですが、これも彼らには奇妙な風習に映るようです。とくに相手が企業の重鎮の場合は、相手が名刺を差し出したあとにこちらも出すのが礼儀とされます。

もっとも、出会い頭の名刺交換という日本式のマナーに感染して、欧米でもこの風習が広まりつつあるそうです。ここでも、「相手の文化も変化する」の一例を垣間見ることができます。

　もともと名刺は、訪ねていった相手が不在だったときに置いてくるものでした。ですから、出会い頭に名刺を差し出すと、いかにも作為的に見え、「この人は強引に何かを売りつけようとしているのではないか」と勘繰られる場合もあるようです。むしろ、別れるときに、必要なら（連絡先を知らせる意味で）名刺を渡すほうが、本来の欧米の感覚では自然な流れと受け取られるようですね。

　私が帯広で出会ったカナダ人の遺伝学の大学教授の場合もそうでした。別れ際に「もっと話がしたかった」と言われて、名刺を交換しました。そして、1週間ほどたつと、ほんとうにその教授から熱心なメールが届きました。

教訓25

　相手の文化に理解を示すと、会話がスムーズになります。もちろん文化の違いは歴然とあるわけですから、自分を殺して相手に合わせればいい、というものではありません。ただ、相手の文化に対する嗅覚のようなものがないと、行き違いに気づきすらしない、ということにもなりかねません。
　それから、欧米の文化も変化しつつある、という点に心を開きましょう。

第**9**章

知らずに相手を傷つけていませんか？

1 褒めてるつもりで失礼なことを言う

美しい外国の女性に会ったときに、思わず「お美しいですね！」のつもりで、You are beautiful. と言ったとします。相手はどのように思うでしょう。

こちらは褒め言葉のつもりで言ったとしても、逆効果になる可能性があるのです。つまり、このように身体的特徴だけを褒めることによって、彼女の人間性や能力を無視したことになるからです。とくにビジネスシーンでこれをやると、一種のセクハラと受け取られる可能性があります。なぜビジネスの場で、ことさら女性であることを思い出させられなくてはならないのか、が問題になるのです。

このように、相手の身体的特徴にかかわる話題を口にするときは、注意が必要です。使う言葉を間違えたために、知らぬまに相手にダメージを与えているかもしれません。

次の会話例では、旅行から帰った女性に、不用意に「太ったんじゃない？」と声をかけて不興を買っています。まずはＮＧの会話から見てみましょう。

ケース36 失礼な質問

BEFORE

J: How was your vacation?
　　休暇はどうだった？

E: Great. We had a really good time.
　　最高だった。ホントに楽しかったよ。

J: You got a little fat.
　　ちょっと太ったんじゃない？

E: I know! You don't have to tell me! I already know that!
　　わかってるわよ！ 言わないで！ 十分わかってるんだから！

　女性にも男性にも fat という言葉は使ってはいけません。fat の代わりになる言葉としては、overweight/stout/plump などがあります。overweight は「体重オーバーの」、stout は「頑丈な」、plump は「ぽっちゃりしている」という意味になります。女性に対して plump は失礼にならない言葉とされています。でも、こういう話題は自分のほうから切り出さないほうが無難でしょう。修正後の会話は、こうなっています。

AFTER

J: How was your vacation?
　　休暇はどうだった？

E: Great.

最高だった。

J: You look really healthy.

とっても元気そうに見えるよ。

E: Yeah... I put on a bit of weight though. I'll have to get to work on losing it.

ええ……でも、ちょっと体重が増えちゃった。減量しなくちゃ。

J: That won't take long. You look happy and relaxed!

すぐ戻るよ。リラックスできたみたいだし、ハッピーに見えるよ。

E: Thanks.

ありがとう。

　一見して太ったとわかっても、そのことには触れず、「元気そうに見えるよ」とプラスの言い方をしています。それを受けて、体重のことは本人から言い出していますね。この流れなら、なんの心配もありません。
「太っている」の反対の「やせている」も要注意の言葉です。たとえば、辞書どおりの単語を使って、You are thin. と言えば、「あなたは（病気か栄養不足で）やせている」というたいへん失礼な言い方になります。skinny だと「骨と皮だけのガリガリ」という意味になり、ますますいけません。褒めているつもりで、You are smart. と言えば、今度は「あなたは頭がよくまわる」という、ぜんぜん違う意味になってしまいます。smart には「ずるがしこい」というニュアンスもあるので、やはり避けたほうが無難な言葉です。

せいぜい使えるのは、You are slim. や You are lean. あたりでしょうか。いずれにしても、相手の身体的な特徴をわざわざ話題にするのは、やはり危険をともないます。

● **あなたはユニークですね**

身体的な特徴を表す言葉以外にも、うっかり使ってしまいそうな要注意の表現がありますので、少し紹介しておきましょう。

① You are unique.

これは「あなたはユニークですね」という褒め言葉にはなりません。unique は「たったひとつの」というニュアンスをもつ形容詞ですから、「めずらしい」を通り越して「変人」を意味するのです。「おもしろい人」と言いたければ、You are funny. なら通じます。

もちろん、You are a strange person. もいけません。「あなたは変わってますね」のつもりかもしれませんが、「あなた変な人ね、気持ち悪いわ」みたいな意味になってしまいます。

② You are a maniac.

これを「あなたはマニアックですね」の意味で使うつもりなら、相手には100パーセント通じません。おそらく「あなたは凶暴な人ですね」ととられるはずです。

日本語の「何々マニア」というときは、英語ではfanatic という言葉を使います。He is a soccer fanatic.

のようにです。ちなみに、maniac は「**メイニアク**」のように発音します。

③ You are naive.

日本語の「ナイーブ」という言い方は、典型的な和製英語のひとつです。英語の naive には「繊細」という意味はなく、「世間知らずで子どもっぽい」という意味になってしまいます。したがって、You are naive. は決して褒め言葉にはならず、むしろ相手をバカにした言い方になるのです。

しいて「あなたは繊細ですね」と言いたければ、You are a sensitive person. あたりが無難でしょう。

④ You are dry.

これは「あなたはドライですね」という意味にはなりません。無理に訳せば、文字どおり「あなたは乾いている」となるでしょうか。このような dry の使い方も、やはり和製英語なのです。

日本語の「ドライな」に該当する英語は、practical や businesslike が近いでしょう。「現実的すぎる」とか「事務的すぎる」という意味を表します。なお、間違いやすい和製英語については、次章で集中的に扱いますので、参考にしてください。

最後に、上手な褒め言葉の例を少しあげて終わりにしましょう。これもダメ、あれもダメでは、会話が成り立ちませんからね。

You're amazing.（キミってすごい！）
I admire you.（すごいなあ）
I wish I had your talent.（キミみたいに才能があったらなあ）
There's nobody like you.（キミみたいな人はいないよ）

相手の外見を話題にするのは危険ですが、その日に着ているものを褒めたり、持ち物を褒めたりするのは、むしろ歓迎されます。例をあげてみましょう。

What a lovely bag!（なんてかわいいバッグなの）
That dress really suits you!（そのドレス、よくお似合いですね）
You look stunning in that dress!（そのドレスを着ていると、キミはハッとするほど美しいね）
That is a very elegant outfit!（とてもエレガントないでたちね）
What lovely earrings you're wearing!（なんてかわいいイアリングをしているの！）
That necklace suits you perfectly!（そのネックレス、まさにあなたにピッタリね）

教訓26

たとえ褒め言葉のつもりでも、身体的特徴を話題にするのは危険です。また、「ユニーク」「ナイーブ」のように和製英語化した言葉があるので、使うときには注意が必要です。

2 無意識に横柄な言い方をする

　この項では、次の４つの表現法について、読者の注意をうながしたいと思います。

　①Give me...（〜をくれ、〜をちょうだい）
　②I want...（〜が欲しいよう）
　③Will you...（〜してくれる？）
　④You had better...（〜したほうがいいぞ）

　これらは、子どもっぽい舌足らずな表現であったり、こちらが考えているよりも数段「エラそうな」表現だったりします。

　よく、英会話はカタコト英語で大丈夫、と説く本がありますが、この手の本は「舌足らずな英語」を奨励しているように受け取られる危険性があります。I want... を使うくらいなら、はるかにていねいな I'd like... を使いたいですし、Will you...？でものを頼むなら、はるかに丁重な Could you...？を使いたいものです。どちらを使っても手間はほとんど変わらないのですから、わざわざ不愉快な表現を使うのは考えものです。

　では、①のGive me... を用いた「トホホな会話」をご覧ください。

ケース37 'Give me'という言い方

BEFORE

E: Hey Hideki, would you like something to drink?
　　やあ、秀樹。何か飲む？
J: Yes please. Give me a beer.
　　はい、お願いします。ビールをくれ。
E: Sure. Here you go.
　　はい、どうぞ。

　Give me a beer. は、「ビールをくれ」という、なんともかわいげのない表現なのです。
　リサさんのコメントは、以下のとおりです。
「Giveという動詞は、このような状況ではお願いというよりも命令に聞こえがちで、無作法な感じがします。I'd like... とか Can I have... をおすすめします。Give me... を使うくらいなら、むしろ何もつけないほうがマシなくらいです。次の例で確かめてください」

AFTER

E: Hey Hideki, would you like something to drink?
　　やあ、秀樹。何か飲む？
J: A beer please.
　　ビールをお願い。
E: Sure. Here you go.
　　はい、どうぞ。
J: Thanks.

ありがとう。

　リサさんが言うように、Give me a beer. よりも A beer please. のほうが、じつは数段ていねいな言い方なのです。
　Give me... は舌足らずの子どもっぽい言い方で、「～をちょうだい」に似ています。もともと give には「タダで与える」という意味がありますから、Give me... をレストランでの注文や買い物に使うのは不適当です。
　たとえば、カフェでアイスコーヒーを注文するときであれば、Please give me ice(d) coffee. ではなく、I'll take ice(d) coffee. や I'll have ice(d) coffee. と言いましょう。

　最初に提示した４つの表現の２番目は、I want... です。これも子どもっぽい言い方で「～が欲しいよう」というおねだりに聞こえます。アメリカのステイ先で、日本からの留学生が I want... を連発したため、行儀の悪さをあきれられ、追い出されたという話があります。
　たしかに「ジュースが欲しいよう」「ミルクが欲しいよう」をくりかえせば、追い出したくもなるでしょう。何かが欲しいときは、I'd like... を使いましょう。

　３番目は Will you...? という表現です。中学の教科書には必ず「～してください」という訳が載っており、ていねいな依頼の表現のように見えますが、直訳すれ

ば「〜してくれる？」とか「〜する気ある？」という、ぞんざいな言い方なのです。目上の人には使えませんし、会社の同僚に対しても失礼になります。ていねいな響きの Could you...？ をなるべく使いたいものです。

4番目の You had better... も、教科書の訳では「〜したほうがいい」とていねいなアドバイスのように聞こえますが、「〜したほうがいいんじゃない、〜しなさいよ」という横柄な響きがあるので、絶対に目上には使えません。ただし、We'd better... や I'd better... のように1人称であれば、「〜したほうがいいかな」という感じで、まったく問題になりません。

教訓27

①Give me... ②I want... ③Will you...？ ④You had better... の4つの表現は、タブーとして封印してください。

第10章

違いがわかる人になりましょう！

1 和製英語を勘違いして使う

　問題です。同僚のネイティブに対し、「来月、会社を辞めるってホント？」と聞いたら、I'm positive. という答えが返ってきました。これはどういう意味でしょう。

　日本人は、positive は「積極的」とか「プラス思考」という意味だと思っていますから、このネイティブは、「ぼくはプラス思考なのさ」と答えたことになります。でも、会話のやりとりがちょっと妙ですね。プラス思考だから会社を辞めるのでしょうか。

　じつは、この I'm positive. は「もうはっきりしているんだ、決まっているんだ」という意味なのです。positive には、人を修飾して「積極的な（人）」という用法はありません。

　辞書を調べてみると、positive には「はっきりした、確信している、**積極的な（行為・決定）**、肯定的な」などの語義が載っています。この3番目の語義を「人」に適用して、a positive man（積極的な人）のように使うと、そのとたんに和製英語になってしまいます。

　a positive attitude（積極的な態度）とか positive thinking（積極的な考え方）は正しい英語です。しかし、a positive man とは言えません。したがって、I'm positive. は「ぼくは積極的」ではなくて、「(この話は)もう決まっているんだ」という、まったく別の意味になるのです。

　要約しますと、「ポジティブな考え」は英語、「ポジティブな人」は和製英語、ということになります。

　このように、ちょっとした思い違いから、無数の和製英語が生み出されます。前章で出てきた naive もその一例でしたね。和製英語では「繊細な」という意味ですが、本来の英語のニュアンスは「世間知らずで子どもっぽい」という、マイナスのイメージです。

　さて、リサさんが書いてくれた第1の会話は「アルバイト」という外来語を英語由来と勘違いして使っている例です。

ケース 38　アルバイトに行きました

BEFORE

E: So, what did you do last night?
　　で、昨晩は何をしてたの？
J: I had 'albite'.
　　アルバイトがあったんだ。
E: You had what!?
　　何があったって？
J: Albite. I went to my part-time job.
　　仕事。パートタイムの仕事に行ってたんだ。
E: Oh! That comes from the German word 'Arbeit'. It's not English.

ああ。それはドイツ語の Arbeit という単語からきたのよ。英語じゃないわ。

J: Really?

ホント？

E: We usually just say 'work'. It doesn't really matter if it's full-time or part-time work. Nobody cares about that. Everyone just assumes that as a student, you work also!

私たちはふつうはたんに work と言うの。フルタイムであろうとパートであろうと関係なしに。だれもそんなことは気にしない。みんなあなたが学生の身分で仕事もしていると思うだけ。

J: Oh. OK. Well, last night I went to my job.

なるほどね。じゃあ、昨晩は私の仕事に行っていたわ。

E: Just say, "I went to work." or "I worked."

たんに「仕事に行った」あるいは「仕事をした」でいいよ。

このように、いわゆる「外来語」のなかには、英語以外の言語からきた言葉も混じっています。たとえば、「エネルギー」はドイツ語の Energie からきており、英語では energy で「**エ**ナジー」と発音します。その形容詞形である「エネルギッシュ」もドイツ語の energisch であり、英語では energetic（エナ**ジェ**ティック）です。お間違いのないように。

英会話のなかにほかの言語からきた言葉を混入させても、なかなか相手には通じません。では、修正後の

会話を見てみましょう。

AFTER

E: So, what did you do last night?

で、昨晩は何をしてたの？

J: I worked.

働いてた。

E: Poor you! Where do you work?

まあ、かわいそう。どこで働いてるの？

J: I work in a restaurant four nights a week.

週4日、レストランで働いているんだ。

E: Oh, really. How do you like it?

へえ、そうなの。その仕事気に入ってる？

J: It's OK. The people I work with are really nice but it gets boring when it isn't busy.

悪くないよ。いっしょに働いているのは、ほんとにいい人たちなんだけど、仕事が忙しくないときは退屈なんだ。

E: Yeah... I would much rather work somewhere where you are really busy. The time goes much more quickly!

そうね、私も働くなら忙しいところで働きたいな。そのほうが早く時間が過ぎるからね。

最近よく使われる freeter（フリーター）という造語も、じつは「アルバイト」に関係があります。フリーターというのは「フリー・アルバイター」の略で、free（英）＋ Arbeit（独）＋ er（英）という、じつに念の

入った造語なのです。ついでながら、NEET（ニート）は英国で生まれた言葉で、Not in Employment, Education or Training の頭文字からできた言葉です。「無業者」という、なんとも寒々とした訳語がつけられています。

リサさんが書いてくれた2番目の会話は、「ノーメイク」という和製英語をめぐるものです。ご覧ください。

ケース39 「ノーメイク」で通じるか

BEFORE

J: I'm wearing no make today.
　　今日はノーメイクなの。

E: Make what? What are you making?
　　何をつくる？ 何をつくろうとしているの？

J: Making? I'm not making anything. I'm wearing no make.
　　つくるって？ べつに何もつくらないよ、ノーメイクなの。

E: Make-up? You're not wearing any make-up today?
　　化粧のこと？ 今日は化粧していないってこと？

J: Yes yes. No make-up.
　　そうなの。化粧していないの。

E: OK! It's called make-up and you wear it, just as you would wear a pair of shoes. I hardly ever wear make-up! I don't really like it and I never have enough time to put it on!

> あのね、化粧のことは make-up と言って、それを身につけるのが wear。ちょうど靴を履くという言いまわしと同じようにね。私はめったに化粧しないわ。好きじゃないし、そんなことに時間を費やすヒマないもの。

J: I wear make-up everyday. I feel awful if I don't wear it. I slept in today so I just didn't have enough time.

> 私は毎日化粧するわ。しないと気持ち悪いの。でも今日は寝坊して時間がなかったのよ。

日本の女性の化粧が濃いことに、リサさんは驚いています。この会話は、そうした背景から書かれたようです。欧米の女性は、パーティなどでは着飾りますが、ふだんはけっこう地味にしています。顔の彫りが深いせいもあるのかもしれませんが、あまり化粧をしないようです。

AFTER

J: I'm not wearing any make-up today.

> 今日は化粧していないの。

E: I think you look great without it!

> 化粧なしのほうが素敵だよ。

J: Really!? I feel like I'm naked!

> ホント!? なんだか裸でいるような気分だけど。

E: That's only because you are so used to wearing

it. Try not wearing it for a while and you'll get used to it. I think most people wear too much make-up anyway.

　いつも化粧するのが当たり前になっているからだよ。しばらく化粧しないでいたら慣れるよ。ほとんどの人たちは化粧しすぎだと思うな。

「化粧」は make ではなく make-up。これに対し、動詞の「化粧する」は make up（または put on make-up）と表します。ハイフンのあるなしだけの差なので、日本人にはまぎらわしいですね。「（いまは）化粧をしている」という状態を表すときには wear make-up と言います。英語の感覚では、「化粧」も身にまとうものなのです（そういえば、「口紅を塗る」も英語では wear [put on] lipstick と表します）。

　ついでながら、「化粧を落とす」は take off make-up です。remove make（メイクを落とす）などと言っても通じません。remove を使いたければ、remove one's make-up と言ってください。これなら問題なく通じます。

　なぜか美容の世界には、この種の和製英語が多く、「コスメ」は cosmetics（カズメティックス：化粧品）の、「エステ」は aesthetics（エスセティックス：美学）の短縮語です。

「マニキュア」は、英語では manicure ではなく nail polish と言います。では、manicure は何を表すのかというと「手の爪の手入れ」のこと、つまり nail polish を塗ったりする行為のことを manicure と言う

のです。それが証拠に、辞書ではmanicureを「美爪術(びそう)」と訳したりしています。maniはmanualのmanuと同語源で「手」を表し、cureはcareと同様「治療、手当て」の意です。したがって、manicureで「手先の手当て、美爪術」という合成語になったという次第です。

美容院に行くとカタカナ英語のオンパレードですが、そのうちの何割くらいが英語として通用する言葉なのか、いささか不安になります。

教訓28

カタカナで書かれた和製英語を、そのまま英語ととるのはきわめて危険です。たとえば、「フリーター」は英独の言葉からの造語です。

それから、世の中にmanicureという"物"は存在しません。

2 その短縮形は通じません!

　日本人は短縮化の名人です。『世界の中心で、愛をさけぶ』は「セカチュー」、『冬のソナタ』は「冬ソナ」と略されました。

　和製英語のなかでも、この短縮語が大きな割合を占めています。オフレコ (off the record)、パソコン (personal computer)、プレステ (PlayStation)、エンタメ (entertainment) など、枚挙にいとまがありません。

　前項で取り上げた「コスメ」や「エステ」は言葉の後半を省略した例で、この仲間も、ネゴ (negotiation)、アポ (appointment)、レジ (register) など、これまたいくらでも例をあげることができます。最近では「合コン」「財テク」「サラ金」「着メロ」「デパ地下」のような日本語とカタカナ語の絶妙な合成語も出現しています。変幻自在とはこのことですね。

　この項では、ネイティブには通じない短縮語にスポット (spotlight) を当てることにしました。リサさんが最初の会話で取り上げたのは「ロス」です。

ケース40　ロスに行く

BEFORE

E: What are your plans for summer?
　　夏休みの予定は?

J: I'm going to Los.
　　ロスに行くつもりなんだ。

E: Where's that?
　　それはどこにあるの？

J: America. Los.
　　アメリカのロスだよ。

E: Where in America?
　　アメリカのどこ？

J: You know... Hollywood.
　　あのさ、ハリウッド知ってるでしょ？

E: You mean Los Angeles?
　　もしかしてロサンジェルスのこと？

J: Yes... Los.
　　そう、ロス。

E: Nobody calls it Los. It's L.A. Nobody will have any idea what you are talking about if you call it Los in America.
　　だれもロスなんて言わないよ。省略するときはL.A.。アメリカでロスなんて言っても、だれも何の話をしているか見当もつかないよ。

J: Oh, really. I thought you could shorten it.
　　ホント？ てっきり省略してもいいと思っていた。

　ロサンジェルスを「ロス」と呼ぶのは日本人だけです。同様にサンフランシスコを「シスコ」と略すのも日本だけ。では、ベガスはどうかというと、これだけはアメリカ人もラスベガス（Las Vegas）の略称として使うことがあるようです。しかし、原則として、地名の短縮形を用いることはありません。

　ただし、L.A. のように頭文字を使った短縮形はよ

く見かけます。国名だって U.S.A. とか U.K. のように略すくらいですから。

AFTER

E: What are your plans for summer?

　　夏休みの予定は？

J: I'm going to L.A.

　　L.A.に行くつもりだ。

E: Cool. That should be fun. Do you have any special plans for while you're there?

　　いいね。きっと楽しいよ。滞在中は何か特別な計画はあるの？

J: I'm planning to go to Hollywood and do some star-hunting!

　　ハリウッドに行ってスター探しをしようと計画しているんだ。

E: You should take a tour through Beverly Hills. That's where lots of famous people live and you can get a bus tour through the area!

　　ビバリーヒルズのツアーを申し込むべきだね。大勢の有名人が住んでいるエリアで、そこへのバスツアーに参加できるんだ。

J: That sounds like fun. I might try and do that.

　　おもしろそうだね。試してみるかもしれない。

E: Have a great time. I hope you see some famous people.

　　楽しんでね。だれか有名人に会えるように祈っているよ。

第10章　違いがわかる人になりましょう！

略称ではありませんが、都市名の愛称なら、けっこうあります。いくつか紹介しますと、

Big Apple（ニューヨーク）
Big A（アトランタ）
Big D（ダラス）
Motor City（デトロイト）
Beer City（ミルウォーキー）
Bean Town（ボストン）

といった具合です。日本で言う「ラーメンの街、喜多方」「餃子の街、宇都宮」「牛タンの街、仙台」などに該当するかもしれませんね。

さて、和製英語を使用したふたつめの会話例は「リモコン」です。

ケース41　リモコンがない！

BEFORE

J: I was so frustrated last night.
　　昨晩はイライラさせられたよ。
E: Why? What happened?
　　いったい、どうしたんだい？
J: I couldn't find the rimo-kon for hours.
　　何時間もリモコンが見つからなかったんだ。
E: The what? What's a rimo-kon?

何だって？リモコン？

J: You know... the TV controller.

　　ほら、あれさ……テレビの操作器。

E: You mean the remote?

　　リモートのこと？

J: Yeah. What do you call it?

　　それそれ。何と言うんだっけ？

E: Usually just the remote, or the remote control.

　　たんにリモート、もしくはリモート・コントロールさ。

「リモコン」という短縮語は完璧な和製英語です。英語では remote control。ただし、英語でも remote という省略形は使うようですね。

AFTER

J: I was so frustrated last night.

　　昨晩はイライラさせられたよ。

E: Why? What happened?

　　いったい、どうしたんだい？

J: I couldn't find the TV remote for hours.

　　何時間もテレビのリモコンが見つからなかったんだ。

E: Oh. It's so frustrating when that happens. Where did you finally find it?

　　ああ、それってイライラするよな。結局どこにあったんだい？

J: You're not going to believe where I found it!

　　どこで見つかったか、きっと信じられないと思うよ。

第10章　違いがわかる人になりましょう！　199

E: Try me!
　とにかく言えよ。

J: I found it in the fridge!
　冷蔵庫の中にあったんだ！

　この会話中の fridge は refrigerator（冷蔵庫）の短縮語です。英語でも、たまには短縮語を使う場合があるようです。ただし、ごくまれであり、日本のように手当たり次第、短縮するという習慣はありません。

　英語は、もともと単音節語、2音節語が中心であり、わざわざ短縮してわかりにくくする必要がないのでしょう。refrigerator の場合は、5音節とまれに見る長い単語で、しかも日常語であることから、短縮語をつくる必要が生じたのかもしれません。

教訓29

日本人は短縮化の名人なので、「ロス」「リモコン」など短縮形の和製英語が山ほどあります。しかし、これらの99.9パーセントまでは通じないと思ったほうがいいでしょう。日常よく使われるカタカナ語ほど、英語にするときは要注意です。

3 似た単語を使い間違える

　この項では、形が似ていてまぎらわしい単語を取り上げます。ひとつめの会話は spell と spelling、ふたつめは sign と signature です。ともに日本人が間違えやすい言葉の代表格です。

　サインについては、忘れられない思い出があります。中学1年のときに、田園コロシアムに日豪テニス・トーナメントを観にいきました。試合後、当時、新鋭だったニューカム選手のサインが欲しくて、彼が食事をしている場所まで追いかけていき、生徒手帳とサインペンを差し出して、「サイン、サイン」と叫びました。彼は一瞬ギョッとしていましたが、すぐに笑顔に戻り、快くサインしてくれました。思い出すたびに冷や汗が出ます。

ケース 42 'spell' と 'spelling'

BEFORE

J: What's the spell of your name?
　　お名前の「スペルする」は何ですか？

E: How do you spell my name?
　　私の名前をどのように綴るかということ？

J: Yes. How do you spell your name?
　　はい、どのように綴るのですか。

E: R-E-B-E-C-C-A.
　　REBECCA。

J: REBECCA... that's the spell of your name.

REBECCA……それが、あなたの名前の「スペルする」ですね。

E: No, that's the spelling of my name. My name is spelled REBECCA.

いいえ、それは私の名前の綴り方、スペリングです。私の名前は REBECCA と綴る (is spelled) のよ。

J: OK. Thanks. Your name is spelled REBECCA.

なるほど、ありがとう。お名前は REBECCA と綴られるんですね。

中学の英語の時間に、教師に「単語のスペルを間違えるな!」と口をすっぱくして言われた覚えがあります。しかし、なんのことはない、先生の「スペル」という言葉づかいが、そもそも間違っていたんじゃないですか!

spell は「綴る」という動詞。「綴り」という名詞は spelling です。

AFTER

J: How do you spell Rebecca?

レベッカってどのように綴るんですか。

E: R-E-B-E-C-C-A.

REBECCA。

J: OK. Thanks. Also, what's the spelling of your surname?

わかった、ありがとう。それから名字の綴りは?

E: Smite... S-M-I-T-E.

スマイト、SMITE よ。
J: Thank you.
ありがとう。
E: You're welcome.
どういたしまして。

ついでに言い添えておきますが、spell には名詞の用法もあります。意味は、「呪文、まじない、魔法」です。ですから、What's the spell of your name? という文意をストレートに受け取れば、「あなたの名前の呪文は何ですか」という意味になります。それはそれで、おもしろい質問ですが……。

次の会話は、「サイン」という言葉をめぐるものです。先まわりして言いますと、sign には「サイン」という意味はなく、「記号、合図、標示」などを意味します。ですから、May I have your sign? は「サインをいただけますか」ではなく、「あなたの記号をいただけますか」という意味になります。それはそれで、興味深い質問ですが……。

ケース 43 'sign' と 'signature'

BEFORE

J: I need you to put your sign here.
ここにあなたの「記号」が必要なのですが。
E: You want me to sign this?
これにサインしてほしいの？

J: Yes, please put your sign here.
　　ええ、ここに「記号」をください。

E: I'll sign it for you. I'll put my signature here for you but I can't put my sign here. I don't have a sign. Well... I have a star sign... I'm a Scorpio, but I don't think you want that!
　　サインしましょう。ここに署名はしてあげるけど、ここに「記号」を置くことはできないわ。私は記号なんてもっていないの。そうね、星座ならあるわ。蠍座なの、でもそれが欲しいわけじゃないでしょう。

J: Oh. Signature?
　　あっ、「署名」でしたね。

E: Yes. We say..."Please put your signature here." or "Please sign here."
　　そうよ、「ここに署名をお願いします」もしくは「ここに署名してください」と言うのよ。

J: OK. Could you please sign here?
　　わかりました。ここに署名していただけますか。

E: Sure! So you just need me to sign here?
　　いいですとも。ここに署名すればいいのね。

J: No... I need your signature here and here.
　　いえ、署名はこことここに必要なんです。

E: OK. Here you go.
　　はい、できあがり。

　sign には、「記号、合図、標示」以外に「星座」の意味もあるんです。こんなふうに使われます。

What sign are you? —— Aquarius.
あなたは何座ですか。——水がめ座です。

AFTER

J: Could you please sign this document?
この書類に署名していただけますか？
E: Sure. Where do you want me to sign?
もちろん。どこに署名すればいいのかな？
J: I need your signature here and here.
署名はこことここに必要なんです。
E: OK, not a problem.
はい、どうぞ。

サインについては、もうひとつ補足しておかなくてはなりません。中学生の私が食事中のニューカム選手に求めたサインは、じつは signature とはいいません。signature は契約書や領収書に書く一般人の署名のことを指すのです。ニューカム選手のような有名人のサインは、じつは autograph といいます。ですから、40年前に私が発するべきだった言葉は、こうだったんですね。

May I have your autograph?
サインいただけますか。

ちなみに、「サインブック」は完全な和製英語です。正しくは、autograph album ないし autograph book といいます。signature album ではありません。領収

書のサインを集めてもコレクションにはなりませんよね。

> **教訓30**
>
> spell は動詞、spelling は名詞です。sign は動詞、signature は名詞です。signature は契約書や領収書の署名のこと。有名人の「お宝サイン」は autograph と言います。

COLUMN

これは英語ではありません！①

"爆笑"和製英語の巻

和製英語は英語の顔をした日本語です。たとえば、「カンニング」は英語では cheating であり、cunning は「悪知恵」という意味です。通じたつもりの和製英語にご用心！

① 「彼女はウェットだ」
 ✗ She is wet.
 ○ **She is sentiment.**
 →She is wet. では「彼女は湿っている」という意味に！

② 「彼の話はオーバーだった」
 ✗ His story was over.
 ○ **His story was exaggerated.**
 →His story was over. なら「彼の話は終わった」。

③ 「彼はプラグをコンセントに差し込んだ」
 ✗ He put the plug in the consent.
 ○ **He put the plug in the outlet.**
 →put... in the consent だと「同意に差し込んだ」??

④ 「赤ちゃんとのスキンシップは大切だ」
 ✗ It is important to have skinship with your baby.
 ○ **It is important to have body contact with your baby.**
 →skinship は完全な和製英語。

⑤「彼女はその記事をスクラップした」
　✕ She made a scrap of the article.
　○ **She made a clipping of the article.**
　　→scrap だと「クズ鉄」にしたことに。

⑥「彼女はスタイルがいい」
　✕ She has a nice style.
　○ **She has a good figure.**
　　→She has a nice style. だと「素敵な文体をもっている」??

⑦「シーズンオフの料金は安くなる」
　✕ The season-off rates are lower.
　○ **The off-season rates are lower.**
　　→正しくは、「オフシーズン」でした！

⑧「彼はカバンのチャックを開けた」
　✕ He undid the chuck of the bag.
　○ **He undid the zipper of the bag.**
　　→チャックという和製英語は「きんちゃく」からきたという説も。

⑨「彼の妹はテレビタレントだ」
　✕ His sister is a TV talent.
　○ **His sister is a TV personality.**
　　→talent は集合的に「人材」の意。

⑩「彼はトレーナーを脱いだ」
　✕ He took off his trainer.
　○ **He took off his sweat shirt.**
　　→trainer（指導者）を脱ぐことはできません。

第11章

発音違いは思わぬ誤解のもと

1　LとRで行き違い！

　前にも触れた『英語のセンス』という本のために、ベルトンさんがこんなおもしろい例文を書いてくれたことがあります。ちょっと長い文なので、まず日本語からお見せしましょう。
　「日本人はLとRの発音に問題があるというのに、どうしてほとんどすべての日本車は、名前にLやRがついているのだろう」

　Considering the problem Japanese people have with the pronunciation of L and R, why do nearly all Japanese cars have L or R in the name?

　たしかに多くの日本人はLとRの発音が苦手です。LとRの発音違いでよく引き合いに出されるのが、love と rub、rice と lice です。たとえば、イーデス・ハンソンさんが『英会話ペラペラ』のなかで、次のように書いておられます。

　　恋人に愛を告白したくて、「アイ・ラブ・ユー」なんていったとき、love じゃなくて rub の発音をしたりすると、「ワタシはあなたをこすります」になっちゃって、「キャア、さわらないで。イヤラシイ！」といわれて逃げられてしまう。（中略）ある

いは、外人にごはんをごちそうしようと思って、「ドゥー・ユー・ライク・ザ・ライス？」なんてやって、Do you like the lice? (シラミは好きですか) ということになると、これはもう悲劇になってしまう。

ハンソンさんはわざとオーバーに書いていますが、このような取り違いは、実際によく起こっているようです。たとえば、「蚤の市」の flea market が、知らぬうちに free market に化けたりしています。

He had a glass with a friend. (彼は友だちと1杯やった) を、He had a grass with a friend. と発音すると、「彼は友だちとマリファナをやった」と聞こえかねません。

では、リサさんの書いてくれた会話例を見てみましょう。

ケース44 'robber' の発音

BEFORE

J: Last night a 'lobber' came to my house.
　昨夜ラバーが家に来たんだ。
E: What did you say?
　なんて言った？
J: A 'lobber' came to my house.
　ラバーが家に来たんだ。
E: Lover?
　恋人？

J: Yes.
>うん。

E: Why are you telling me this?
>なんでわざわざそんなことを私に言うの？

J: Because I'm really upset.
>だって、私もう腰が抜けるほど驚いちゃって。

E: Why? Did you break up?
>どうして？彼と別れたの？

J: No... they stole my jewelry!
>ううん、私の宝石を盗んでいったの！

E: You mean a robber!?
>ひょっとして泥棒のこと？

J: Yes. That's what I said.
>そう、そう言ったでしょう。

E: I'm sorry. I thought you said a lover!
>ごめん、てっきり恋人と言ったと思ったの。

J: No. No. A robber. Someone broke into my house and stole all my jewelry!
>違う、違う。泥棒よ。だれかが家に侵入して私の宝石を全部もっていってしまったの！

　リサさんが日本人の発音を聞いていて、いちばん気になるのはLとR、そして、VとBの区別だそうです。VとBについては、のちほど触れることにします。
　LとRについては、こんな笑い話のような実話があります。
　ジャズ喫茶で日本人の歌手が名曲『Fly Me to the Moon』を歌っています。客の日本人は全員すばらし

いメロディーに聞きほれています。ところが、アメリカ人の客は、彼女が「フライ・ミー・トゥ・ザ・ムーン」と歌うたびに、クスクス、クスクス笑っています。

どうしてでしょう。彼女の発音が、Fry me to the moon. だからです。アメリカ人は、「私を揚げ物にして」と歌われるたびに、どうしても笑いをこらえることができなかった、というわけでした。

ところで、先ほどの会話のなかで、ひとつ非常におもしろい現象が起こっているので、ちょっと注意を喚起したいと思います。

最初の発言では、Last night a lobber came to my house. と単数形の a lobber (ほんとうは a robber) が使われています。ところが、No... they stole my jewelry! では、複数形の they で受けていますね。これはなぜなのでしょう。

これを言った人は、泥棒をじかに見ているわけではないので、泥棒が男なのか女なのかわかりません。したがって、代名詞にするときに、he にすべきか she にすべきか決め手がありません。このようなときに、英語では、性別の表れない they を使うしきたりがあるのです。このルールを知らずに、「彼らは私の宝石を盗んでしまったの!」と訳すと、突然、泥棒が複数いたことになり、それこそミステリーになってしまいます。

この「性別ぼかしのthey」は、次のような文でも使います。

Everyone thinks they have the answer.

この文は「だれもが、彼らが答えを知っていると思っている」という意味ではなく、「だれもが、自分は答えを知っていると思っている」という意味なのです。律儀に、Everyone thinks he or she has the answer. と書く場合もありますが、この表し方だと、he を先にしているため男女平等の原則に反する、ととる向きもあるのです。こうなると they を使うしかない。厳密な英文法のルールにも、このような逃げ道があるというのは、おもしろいことですね。

AFTER

J: Last night a robber broke into my house.

　昨夜、泥棒に入られたんだ。

E: That's awful!

　それはひどい。

J: Someone broke into my house and stole all my jewelry!

　だれかが家に侵入して私の宝石を全部もっていってしまったの！

E: How did they get in?

　どうやって侵入したの？

J: When I got home, my door was ajar, so I called the police.

　家に帰ったらドアが少し開いていたから、警察を呼んだの。

E: Wow. Had they already gone?

　へえ。もういなくなっていたの？

第11章　発音違いは思わぬ誤解のもと

J: Yeah. They broke the lock and did a quick sweep of anything they could find.

　ええ。鍵を壊して見つけたものを一切合切取っていったの。

E: Well, I really hope you get new locks and that you don't get robbed again.

　それじゃ新しい鍵をつけて、二度と押し入られないように願っているわ。

J: Yeah... me too!

　ええ、ほんとうにそうね。

　LとRの区別とともに気をつけなくてはならないのが、VとBの区別です。日本語では、Vietnam の「ヴィエト**ナ**ム」を「ベトナム」、Venice の「**ヴェ**ニス」を「ベニス」と表しますから、VとBの区別は、どうしても曖昧になりがちです（Beverly Hills を「ビバリーヒルズ」と訳すのも、いい例ですね）。

　VとBの区別も、侮（あなど）ってはいけません。

　もうひとつ例をあげましょう。floating votes と言えば選挙の「浮動票」のことですが、これを誤って floating boats と発音すれば、何隻かのボートが波に漂う一幅の絵画になります。

教訓31

　LとR、VとBの発音を意識的に区別しましょう。ヘタをすると、波間に漂うボートが、接戦の選挙を左右する話になりかねません。

2　綴りからはわからない発音もある！

　私は英語という言語が好きですが（そうでなければ、60冊も本は書けません）、ひとつだけ文句を言いたいことがあります。それは、「表意文字」の日本語と違い、英語は「表音文字」の言語のはずなのに、綴りを見ても発音できない単語が山ほどあることです。この点だけは、少しはフランス語やドイツ語を見習ってほしいと切に思っております。

　たとえば、Wednesday をどうして「**ウェンズデイ**」と読めるのでしょう。gauge をどうして「**ゲイジ**」と読めるのでしょう。gaol をどうして「**ジェイル**」と読めるのでしょう。

　リサさんがあげてくれた例は、clothes という言葉です。たしかに発音のまぎらわしい単語ですね。はたして日本人の発音で通じるのでしょうか。

ケース45　'clothes' の発音

BEFORE

J: I really need to do some clothes shopping.
　　クロースィズを買いにいかないといけないんだ。

E: Some what?
　　何を買いにいくって？

J: I need a new pair of jeans and some new work clothes.
　　新しいジーンズと仕事着が必要なんだ。

第11章　発音違いは思わぬ誤解のもと

E: CLOTHES. The 'th' sound and the 's' sound come together and you don't pronounce the 'e'. It's only one syllable.

　　クロウズ。th と s の発音がくっついて、間の e は発音しないの。1 音節語よ。

J: Clothes.

　　クロウズ。

E: That's right. It's just one long sound.

　　そう、ひとつの長い音なのよ。

clothes で注意すべきなのは、じつは発音だけではありません。単数形の cloth は【klɔ́ːθ (th の無音)】と発音し「布地」という意味です。語尾に -e をつけると clothe【klóuð】となり、「服を着せる」という動詞になります。さらに、-s をつけて clothes にすると、今度は【klóuz】という発音になり、「衣服」を表します。-thes を【z】と読むのは、どう考えてもルール違反です。

というわけで、とくに発音を間違えやすいのが、この会話例で取り上げられている clothes です。

では、正しく発音された修正後の会話を見てみます。

A<small>FTER</small>

J: I really need to do some clothes【klóuz】shopping.

　　洋服を買いにいかないといけないんだ。

E: What do you need to get?

　　何を買わないといけないの？

J: I have to get some new work clothes and I also want to get a new pair of jeans. My jeans are just about dead!

仕事着が必要で、ついでに新しいジーンズを買いたいの。もういまのはボロボロなんだ。

E: Do you want me to come with you?

私にいっしょに来てほしいの？

J: That'd be great. Clothes shopping is a lot of hard work I think!

そうしてくれると嬉しいな！ 洋服を買うのってひと仕事だもの。

E: I love it! I'm really good at finding bargains too!

あら、私は大好きよ。安いものを見つけるのも上手なのよ！

発音が難しい単語には、この例のように、①**綴りから発音が予想しにくいもの**、②**カタカナ英語で誤った発音やアクセントが定着してしまい、それがネイティブとの会話の際に邪魔になるもの**、の2通りが考えられます。それぞれ、少し例をあげてみましょう。

①綴りから発音が予想しにくい単語

brooch 【bróutʃ /ブロウチ】（ブローチ）

brow 【bráu /ブラウ】（まゆ）

cocoa 【kóukou /コウコウ】（ココア）

debt 【dét /デッt】（負債）

diarrhea 【dàiərí:ə /ダイアリーア】（下痢）

egoist 【í:gouist /イーゴウイスt】（利己主義者）

queue【kjú: /キュー】(列)
receipt【risí:t /リスィー t】(レシート)
subtle【sʌ́tl /サトォ】(微妙な)
vehicle【ví:əkl /ヴィーイコォ】(乗り物)
zero【zíərou /ズィーロウ】(ゼロ)

② カタカナ英語が邪魔している単語
(a) 誤った発音が邪魔している単語
　　アルコール　alcohol【ǽlkəhɔ̀:l /アルコホォ】
　　コメディアン　comedian【kəmí:diən /カミーディアン】
　　エジプト　Egypt【í:dʒipt /イージプ t】
　　ホイル　foil【fɔ́il /フォイォ】
　　ホース　hose【hóuz /ホウズ】
　　イオン　ion【áiən /アイアン】
　　ミサイル　missile【mísl /ミスィォ】
　　オアシス　oasis【ouéisis /オウエイスィス】
　　シチュー　stew【stjú: /ステュー】
　　スタジオ　studio【stjú:diòu /ステューディオウ】
　　セーター　sweater【swétər /スウェタ】
　　テーマ　theme【θí:m /スィーム】
　　セオリー　theory【θí:əri /スィーアリ】
　　スリラー　thriller【θrílər /スリラ】

(b) 誤ったアクセントが邪魔している単語
　　アフリカ　Africa【ǽfrikə /アフリカ】
　　アレルギー　allergy【ǽlərdʒi /アラジ】
　　バロメーター　barometer【bərámətər /バラミタ】
　　キャリア　career【kəríər /カリア】

カテゴリー　category【kǽtəgɔ̀:ri /**カタゴーリ**】
エレベーター　elevator【éləvèitər /**エリヴェイタ**】
ギター　guitar【gitá:r /**ギター**】
ヒロイン　heroine【hérouin /**ヘロウイン**】
インターバル　interval【íntərvəl /**インタヴァォ**】
パジャマ　pajamas【pədʒá:məz /**パジャーマズ**】
パターン　pattern【pǽtərn /**パタン**】
プロフィール　profile【próufail /**プロウファイォ**】
トロフィー　trophy【tróufi /**トロウフィ**】
ビタミン　vitamin【váitəmin /**ヴァイタミン**】

この項では、子音の発音違いから誤解が生じる会話例をふたつ取り上げました。

じつは、母音の発音違いも多くの誤解を生じています。ひとつだけ例をあげてみましょう。

これは私がつねづね不思議に思っていることなのですが、ピザハットという宅配ピザ屋さんがあります。よくオートバイが走っているのですが、Pizza Hut と書かれた箱の上に、帽子の絵がついているのです。Pizza Hat なら帽子の絵でわかるのですが、どうして Pizza Hut（ピザの小屋）なのに帽子なのでしょう？

教訓32

英語には、綴りからは想像のできない発音の単語があります。また、カタカナ語の発音が定着しているため、本来の発音やアクセントがわからなくなった単語もたくさんあります。

第11章　発音違いは思わぬ誤解のもと

> **COLUMN**

これは英語ではありません！②
"爆笑"発音違いの巻

wind を「ウィンド」と発音すると、ネイティブには window と聞こえます。発音違いも、思わぬ誤解を生む場合があります。

① 「あなたはなぜ作家になったのですか」
Why did you become a <u>writer</u>?
(発音違い) Why did you become a <u>lighter</u>?
→あなたはなぜマッチではなく、ライターになったのですか??

② 「私の英作文の間違いを正してください」
Please <u>correct</u> errors in my English composition.
(発音違い) Please <u>collect</u> errors in my English composition.
→私の英作文の間違いを集めてください??

③ 「あれは400メートルのトラックです」
That is a four hundred meter <u>track</u>.
(発音違い) That is a four hundred meter <u>truck</u>.
→あれは400メートルのトラック(車)です??

④ 「彼女は毛皮のコートを買いたがっている」
She wants to buy a <u>fur</u> coat.
(発音違い) She wants to buy a <u>far</u> coat.
→彼女は遠くのコートを買いたがっている??

⑤「父は大きな会社を経営している」
My father is managing a big firm.
(発音違い) My father is managing a big farm.
　→父は大きな農場を経営している??

⑥「パーティでフレンチ・フライを食べた」
We ate French fries at the party.
(発音違い) We ate French flies at the party.
　→パーティでフランスのハエを食べた??

⑦「父はホースで庭に水をまく」
My father waters the garden with a hose【hóuz】.
(発音違い) My father waters the garden with a horse.
　→父は馬といっしょに庭に水をまく??

⑧「彼は彼女の口にキスをした」
He kissed her mouth.
(発音違い) He kissed her mouse.
　→彼は彼女のネズミにキスをした??

⑨「彼は正義の人である」
He is a right man.
(発音違い) He is a light man.
　→彼は軽い人である??

⑩「レバーは健康にいい」
Liver is good for health.
(発音違い) Lever is good for health.
　→てこは健康にいい??

第12章
言葉は正確に使いましょう！

1 簡単な文法を間違える

　私は長い間、英語教材の編集に従事し、多くの外国人校閲者から英語の使い方について親しくレクチャーを受ける機会に恵まれました。

　たとえば、アメリカ人の校閲者をわが家に招いてディナーをご馳走したとき、「これは home-made の野菜です」と言ったところ、「この場合は、home-grown だね」とさりげなく直されたり、別れ際に、See you again. と言ったところ、「またすぐに会うのだから、See you later. のほうがいいね」と教えられたり……。こんな無数のアドバイスが、いま英語本を書くときに、どれほど役立っているか知れません。

　しかし、多くの日本人は、このように親身にアドバイスしてくれるネイティブが近くにいるとはかぎらないし、英会話学校に行くには、たいそうな時間と費用がかかってしまいます。

　そのような方のために、リサさんにお願いして、日本人が犯しそうな過ちについての紙上プライベート・レッスンをしてもらうことにしたのが、この本です。

　さて、この項では、文法上のミスを取り上げます。しかし、この分野は細かく取り上げていくとキリがありませんし、深追いすると分厚い文法書になってしま

います。ここでは、リサさんが作成してくれたシナリオに沿って話を進めたいと思います。彼女がいちばん気になっている点を、スペシャル・レッスンしてもらうことにしましょう。

最初の会話は、will の使い方に関してです。これから起こること（予定していること）についての言い方はいろいろあって、たしかに、どの表現を使うか迷います。さっそく会話例を見て、リサさんが何を伝えようとしているのか学ぶことにしましょう。今回の会話はちょっと長めです。それだけ伝えたいことが多いのでしょう。

ケース46 'will' の使い方を間違える

BEFORE

E: What are you doing tonight?
　今夜のご予定は？

J: I'll have dinner with my friend.
　友だちと食事をするでしょう。

E: Oh, so you haven't decided yet?
　じゃ、まだ決めていないんだね？

J: Yes... I'll have dinner with my friend.
　決めてるよ……友だちと食事をすると思う。

E: You're having dinner with your friend?
　友だちと食事をするの？

J: Yes... that's what I said.
　そうだよ……そう言ったじゃない。

E: No, you didn't... you used 'will'.

　　いや、言わなかったよ。will を使ったじゃないか。

J: So!? That's correct isn't it?

　　ええ？　正しくないのかい？

E: No. 'Will' is used with 'perhaps', 'probably', 'think', 'guess'. For example, "I'll probably have dinner with my friend." It means that you haven't definitely decided yet.

　　ダメだね。will は「ひょっとしたら」「たぶん」「～するつもり」「～と思う」などの言葉といっしょに使うんだ。たとえば、「たぶん友だちと夕食をするだろう」みたいにね。つまりまだ、完全には決定していないってことなんだ。

J: Really?

　　ほんとうかい？

E: Yes. If you have a definite plan then you should use 'going to' or the 'ing' form with a future meaning. For example "I'm going to (go to) my friend's house."

　　うん。はっきりと予定が決まっているのなら、未来を表す〈going to〉か〈ing形〉を使わないといけないんだ。たとえば、「私は友だちの家に行くんだ」というようにね。

J: I thought 'will' is used for the future.

　　てっきり will は未来を表すために使うと思っていたよ。

E: There are many different uses but right now, just remember that if you have a definite plan for the

第12章　言葉は正確に使いましょう！

future, don't use 'will'.

　いろんな使い方があるんだ。でも、いまの場合は、<u>将来のはっきりとした計画があるなら、will を使ってはいけないとだけ覚えておくといいよ。</u>

J: OK. I'm going to my friend's house for dinner.

　わかった。友だちの家に夕食を食べにいく予定だ。

　要点を整理します。
　I will には、おもにふたつの用法があります。
①自分の予想を述べる
〈例〉I'll be late if the train is late.
　　列車が遅れたら、遅れるでしょう。
②いま思いついたことを述べる
〈例〉I'll buy it if it's five dollars.
　　5ドルなら買いますとも。

　①は「そうなるだろうなあ」という予想（あるいは確信）を表していますが、必ずそうなるかどうかはわかりません。そのため、前の会話中の、I'll have dinner with my friend. は「友だちと食事をすることになっています」ではなく、「友だちと食事をするでしょう」と訳されているのです。

　予定が確定していて（たとえば、レストランの予約をとってあるとか）、すでに既定の事実に近ければ、「予想」のニュアンスは無用です。このような場合は、〈be going to〉か「現在進行形〈ing形〉」で表すのです。

　では、すんなり今夜の計画が伝わった場合の会話を見てみましょう。

AFTER

E: What are you doing tonight?
今夜のご予定は？

J: I'm going to my friend's house for dinner.
友だちの家に夕食にいくんだ。

E: That sounds like fun. What's on the menu?
楽しそうだね。メニューは何？

J: We haven't decided yet but we'll probably cook pasta. It's easy!
まだ決めていないけれど、たぶんパスタをつくることになりそうだ。簡単だからね。

E: Mmm. Yum. I'm hungry now!
うーん、いいねえ。ぼくもお腹が空いてきた！

J: What are you up to tonight?
キミは今夜はどうするんだ？

E: Not much. I think I'll just go home, make some dinner and watch some TV.
たいした予定はない。たぶん家にまっすぐ帰って、夕食をつくって、テレビを見るだろうね。

J: Sounds nice and relaxing.
リラックスできてそれもいいね。

友だちの家に行くことは確定しているので、I'm going と「現在進行形」が使われています。しかし、メニューはまだ未定なので、we'll probably cook pasta と will が使われており、おまけに「不確定」の印である probably をともなっていますね。

一方、相手のネイティブは、予定が曖昧のようです。彼は迷うことなく、I'll just go home, make some dinner and watch some TV. と will を用いています。
　前の会話でリサさんが説明したとおりになっていますね。
　ちょっと補足しますと、**〈be going to〉という表現は、「もうその行動に向かって動きはじめている」とか「それに向けてずっと準備してきた」という意味を含んでいます。**したがって、とっさに思いついたことには〈be going to〉は使えません。
　たとえば、「セメントを買ってきたので、壁を補修するつもりです」という文は、すでに準備を進めてきたのですから、〈be going to〉を使います。

I have bought some cement and I'm going to mend the wall.

　これに対し、「玄関のベルが鳴っている。見てきましょう」という文は、ベルの音を聞いてとっさに思ったことなので、will を用います。

There's the doorbell. I'll go.

　もしも、この文の後半部に〈be going to〉を使って、There's the doorbell. I'm going to go. と言ったとすると、「ベルが鳴っています。私はすでに行くつもりでしたよ」という超能力者みたいな、おかしな文になってしまうのです。

教訓33

すでに確定している予定には will は使いません。「私は今日、彼とデートをするでしょう」では、まるで予言者です。また、いまふと思いついたことには〈be going to〉は使いません。〈be going to〉はそのつもりですでに準備に入っている場合に使います。

では、リサさんが書いたふたつめの会話例に移ります。今回は、「ほとんど」という表現を問題にしています。おそらく彼女の生徒がよく犯すミスなのでしょう。では、「問題あり」の会話例から。

ケース47 「ほとんど」という言い方

BEFORE

E: What do you usually do on weekends?
　　週末はいつも何をしているんだい？

J: I like shopping. Almost my friends go shopping whenever they have free time, so I go with them.
　　ショッピングが好きなの。時間さえあれば「ほぼ友だち」はショッピングに行くの。だからいっしょに行くのよ。

E: Almost your friends? So they're not really your friends then?

第12章 言葉は正確に使いましょう！　229

　　　　ほぼ友だち？ ということは、ほんとうの友だちで
　　　　はないんだね。

J: I don't understand.
　　　　えっ、どういうこと？

E: Well, you said 'almost your friends'. If you use 'almost' then you need to use 'almost all of' my friends.
　　　　キミは「ほぼ友だち」と言ったんだ。もし almost を使うのなら「私の友だちのほとんどが」と言わないといけない。

J: Oh... OK. Almost all of my friends go shopping on weekends, so I usually go too.
　　　　わかったわ。友だちのほとんどが週末にショッピングに行くの。だからいつもいっしょに行くのよ。

E: Mmm. Most Japanese people like to go shopping!
　　　　うーん、ほとんどの日本人は買い物が好きだね。

　almost は「ほとんど」という副詞です。「ほとんどの」という形容詞ではありません。したがって、almost my friends は very my friends と同様、意味をなさないのです。「ほとんどの友だち」は、almost all of my friends と表します。この言い方なら、almost はすぐうしろの all を修飾していることになります。

　この会話の最後には、Most Japanese people like... という文が出てきます。almost all of も most も「ほとんど」という意味です。では、どこが違うのでしょう。

答えは、almost all of は「ほとんど8、9割」、most は「ほとんど6、7割」と、割合が違うのです。おもしろいですね。では、実例で確かめてみましょう。

Almost all of my friends wear glasses.
　ぼくの友だちの8、9割はめがねをかけている。
Most of my friends wear glasses.
　ぼくの友だちの6、7割はめがねをかけている。

AFTER

E: What do you usually do on weekends?
　週末はいつも何をしているんだい？

J: I like shopping. Most of my friends go shopping on weekends, so I do too.
　ショッピングが好きなの。友だちのほとんど（6、7割）は週末に買い物に行くので、私もそうするのよ。

E: Really? I don't like shopping on weekends. It's too crowded.
　ホント？ ぼくは週末に買い物は好きじゃないな。混雑しすぎる。

J: Yeah... there are a lot of people, but I don't mind that too much.
　たしかに、人が多いわね。でも私はあまり気にならないわ。

もしも、Almost all of my friends go shopping on weekends と言ったなら、「友だちの8、9割は週末

第12章　言葉は正確に使いましょう！　231

に買い物に行く」という文になります。8、9割は週末に買い物、というのはちょっと多すぎますよね。それで改善例では、most of が選ばれた、というわけでした。

最後にとっておきの例文を4つお見せしましょう。[ ]内は実際の統計数字です(『100％アメリカ人』D・E・ウェイス著より)。

<u>Most</u> Americans like meat loaf.
アメリカ人の6、7割[70％]はミートローフ好き。
<u>Most</u> Americans feel there is life after death.
アメリカ人の6、7割[71％]は死後の世界があると信じている。

<u>Almost all</u> Americans like mashed potatoes.
アメリカ人の8、9割[86％]はマッシュポテト好き。
<u>Almost all</u> Americans believe there is heaven.
アメリカ人の8、9割[84％]は天国があると信じている。

教訓34

almost friends はＮＧです。なぜなら、almost は形容詞ではないからです。almost も most も「ほとんど」と訳して差し支えありませんが、almost all (of) は「全体の8、9割」、most (of) は「全体の6、7割」を表します。

2 時に関する言葉の使い方

　この項では、later の使い方、それから before/ago の使い分けを取り上げます。ともに、日本人が誤りやすい「時に関する言葉」です。

　使い方を間違える原因は、単語の意味を原理的にではなく、たんに訳語から類推してしまうことにあります。たとえば、最初に扱う later の場合、「あとで」という訳語がひとり歩きして、「今日から3週間後に」という文脈で使ってしまい、相手を混乱させています。

　たしかに later は、Talk to you later.（いまは時間がないので、またあとで話そう）という文では「あとで」という意味で使われます。しかし、ten days later のように**期間を表す言葉とともに使うときは、「その10日後」のように、必ず過去の話のなかで使う**言葉なのです。

　会話例を見たほうが、具体的に理解できると思います。

ケース 48　'later' の使い方

BEFORE

E: When are you going to Australia?
　　オーストラリアにはいつ行くの？

J: Three weeks later.
　　「そのときから」3週間後。

第12章　言葉は正確に使いましょう！　233

E: Do you mean three weeks from today?
   つまり今日から3週間後ということ？

J: The 23rd of this month.
   今月の23日だよ。

E: OK. You mean 'in three weeks'.
   つまり「3週間後」ということだね。

J: Oh, OK. I'm going to Australia in three weeks.
   わかった。3週間後にオーストラリアに行くんだ。

E: Fantastic. I'm sure you'll have a great time.
   すごいじゃない。きっと素敵な旅になるよ。

リサさんのコメントに目を通しておきましょう。「in three weeks は『いまから3週間たったあと』ということです。これは未来のことを話すときに使います。これに対し later は、過去のある時点を基点にして、そのときよりどれくらいあとかを表します。I phoned him, and then later, he phoned me back.（私が彼に電話すると、あとで、彼のほうから折り返しかけてきた）のように。

この説明でハッキリしたと思います。このほか、「これから3週間後」には、three weeks from now という言い方もあります。例文で確かめましょう。

He's going to visit my parents three weeks from now.
   彼は3週間後に私の両親に会いにくる予定です。

では、修正後の会話を確認しましょう。

AFTER

E: When are you going to Australia?
　オーストラリアにはいつ行くの？

J: In three weeks.
　3週間後。

E: In three weeks? Wow. That's not far away. You must be pretty excited.
　3週間後？ もうすぐじゃない。ワクワクするね。

J: I am. I'm really excited.
　うん。ほんとうに楽しみにしているんだ。

E: How long are you staying?
　どれくらい滞在するの？

J: I'll be away for at least six months... more likely a year. I have a year long working holiday visa.
　少なくとも6カ月……できれば1年かな。1年間有効のワーキングホリデイ・ビザをもっているんだ。

E: Oh... I'm sure you'll be away for the whole year. There's so much to see and do.
　ああ、きっと1年いることになると思うよ。山のように見るべきものや、するべきことがあるからね。

J: Yeah. I'm sure I'm going to love it too. Why don't you come with me!?
　そうだね、きっと気に入ると思う。いっしょにいかが？

先ほど、「彼は3週間後に私の両親に会いにくる予

定です」に該当する英文をお見せしました。このシチュエーションで使えないのは、次のふたつの英文です。

×He's going to visit my parents three weeks later.
×He's going to visit my parents after three weeks.

later はもう説明したように、過去のある時点から数える場合です。では、after はどうかというと、これは「未来のある時点からあと」というときに用いるのです。用例を示しましょう。

I'll be in my office after 3 o'clock.
午後3時以降なら事務所にいると思います。

教訓35

> later は過去のある時点を基点にして「〜後」を表します。いまから3週間後なら、in three weeks または three weeks from now のどちらかを使ってください。

もうひとつの会話例は、before と ago の使い分けです。さっそく見てみましょう。

ケース49 'before'と'ago'

BEFORE

E: Sorry I'm a little late. What time did you get here?

　ちょっと遅くなってごめん。何時に来たの？

J: Oh... only about ten minutes before.

　ああ……たった10分ほど「より前」に。

E: 10 minutes before what?

　何より10分以前？

J: Ten minutes before now.

　いまより10分以前だよ。

E: Oh... 10 minutes ago! To talk about past time in a situation like this, use 'ago', not 'before'. If you use 'before', you would have to say, "I got here ten minutes before you." 'Ago' is much easier.

　ああ、10分前ね。いまみたいに過去のことを話すときは before ではなく ago を使ってね。もし before を使うなら「キミより10分前に来た」と言わないといけないんだ。ago を使ったほうがずっと簡単でしょ。

J: I got here ten minutes ago!

　10分前にここに来た！

E: I'm sorry I'm late!

　遅くなってごめん！

先ほど扱った later は「過去のある時点から〜後」でした。逆に、「過去のある時点から〜前」を表すのが before です。したがって、「いまから〜前」には使えません。このようなときは ago を使います。例文で示しましょう。

I took a shower <u>before</u> breakfast.
　私は朝食前にシャワーを浴びた。
I took a shower 30 minutes <u>ago</u>.
　私は30分前にシャワーを浴びた。

では、正しく ago を使っている修正後の会話を見てみましょう。

AFTER

E: Sorry I'm a little late. What time did you get here?
　ちょっと遅くなってごめん。何時に来たの？

J: About ten minutes ago.
　10分ほど前。

E: Oh good. You haven't been waiting that long then.
　ああ、よかった。そんなに長く待たせなかったわね。

J: No. Actually I was really enjoying just watching people!
　うん、人間ウォッチングをして楽しんでいたよ。

E: Yeah... people watching. It's a pretty good way to pass some time isn't it?

へえ……人間ウォッチングね。たしかにヒマをつぶすのによい方法よね。

J: Yeah. You know what I would like to know? I'd like to know what people are thinking.

そうだね。ぼくが何を知りたがっているかわかるかい？ 人が何を考えているか知りたいんだ。

E: Yeah. That would be such a cool thing to know, wouldn't it?

そうね、たしかにそれがわかったら、すごいことよね。

この項を閉じる前に、ago は過去形と、before は過去完了と相性がいい、という話をしておきましょう。次の例文をご覧ください。

They divorced five years ago.
　彼らは5年前に離婚した。
They had divorced five years before she died.
　彼らは、彼女が死ぬ5年前に離婚していた。

教訓36

　ago は現在を基点にして過去のことを表すときに用い、before は過去のある時点を基点に、それより前のことを表すときに用います。

3 受け身形には注意

次の3つの文をお読みください。
「私は雨に降られた」
「彼女は夫に先立たれた」
「私はバッグを盗まれた」

すべて受け身の文章です。では、これを英語の受け身の文にすると、どうなるでしょう、というのは引っかけ問題で、じつはこれらは英語では受け身で表せません。

この3つの文に共通しているのは、被害者意識を表している、という点です。このような、**日本語独特の「被害者意識を表す受け身」は、英語にすることはできない**のです。

次にお見せする会話は、このことを理解していない日本人が I was stolen my bag. という「ありえない英語」でネイティブを混乱させている会話です。

ケース50 私は盗まれた？

BEFORE

E: What happened? You look upset!

　　どうしたの？ ずいぶんあわてているじゃないか。

J: I was stolen my bag.

　　バッグ、私は盗まれた。

E: Your bag was stolen or you stole a bag? Sorry, I'm not sure what you mean.

バッグが盗まれたの、それともバッグを盗んだの？
ごめん、言いたいことがわからないんだけど。

J: My bag. Stole. Someone.
　私のバッグ。盗んだ。だれかが。

E: Someone stole your bag?
　だれかがキミのバッグを盗んだの？

J: Yes... someone stole my bag.
　そう、だれかが私のバッグを盗んだ。

E: Oh no! Where were you? What happened?
　そりゃいけないね。どこで？ 何があったの？

J: I was riding my bike and someone stole my bag.
　自転車に乗っていたら、だれかが私のバッグを盗んだの。

E: Oh no! That's terrible. Have you told the police?
　おやおや、それはひどいや。警察には届けたの？

J: Yes... I went straight to the nearest police box. It took ages to make the report though!
　ええ、すぐにいちばん近い交番に行ったよ。でも盗難届を出すのに死ぬほど時間がかかった！

E: Well I really hope you get it back.
　戻ってくるように心から願っているよ。

J: Thanks.
　ありがとう。

E: By the way, people often get confused with this topic. We say, "Someone stole my bag." or "My bag was stolen."
　ところで、みんなこの話題に関してはよく混乱するみたいね。「だれかが私のバッグを盗んだ」あるい

は「私のバッグが盗まれた」と言うんだ。

J: Oh. OK. It is kind of confusing.

　わかったわ。たしかにまぎらわしいわね。

　I was stolen my bag. という英語はありません。これでは、「自分」が盗まれたような響きの文になってしまいます。

　同様に、Elen wrote him a long letter. を受動態にして、He was written a long letter by Elen.（彼はエレンから長い手紙を書かれた）としても、おかしな英語になります。「書かれた」って、やっぱり変ですよね。この場合は、A long letter was written to him by Elen.（長い手紙がエレンによって彼宛てに書かれた）というひととおりの受動態しかつくれないのです。

　では、誤った受動態が影をひそめた修正後の会話を見てみましょう。

AFTER

E: What happened? You look upset!

　どうしたの？ ずいぶんあわてているじゃないか。

J: My bag was stolen.

　バッグを盗まれたの。

E: Oh no! Where were you? What happened? Did you go to the police?

　そりゃいけないね。どこで？ 何があったの？ 警察には行ったかい？

J: I was riding my bike when someone rode past and they stole it straight out of my basket.

自転車に乗っていたら、だれかが自転車で追い抜きざまに、籠からバッグを盗んでいったんだ。

E: Have you reported it to the police?
  警察には届けたの？

J: Yes, I have. I went straight to the police box and reported it but I don't think there's much chance of seeing it again!
  うん。すぐに交番に行って届けたけど、バッグが戻ってくる可能性は低いだろうな。

E: Did you have a lot of <u>stuff</u> in there?
  中身はいっぱい入っていたの？

J: Pretty much everything that is important... yes.
  大事なものがかなりね……うん。

E: Much money?
  大金？

J: No... not much money, but my phone, credit cards, diary and some pretty important papers and stuff.
  いや、お金はあまり入っていなかった。でも電話、クレジットカード、手帳、それに大事な書類やその他もろもろ。

E: What a hassle! I really hope the police are able to <u>get it back</u> for you.
  厄介なことになったね。警察が取り戻してくれるよう願っているよ。

J: Yeah... <u>so do I.</u>
  ホント、そう願うわ。

第12章 言葉は正確に使いましょう！

この文には、前に一度登場した「性別ぼかしの they」が、また使われています。someone rode past and they stole it のところです。バッグをひったくっていったのはひとりですが、とっさのことで性別が判然としないため、they という代名詞を使っているのです。どうやら英語では、単数・複数よりも男女の区別のほうが大切なのでしょう。男女の判断がつかないと、勝手に複数にしてしまうのですから。

教訓37

　日本語で受け身で表すからといって、英語でも受け身で表すとはかぎりません。次の場合もその例です。Jim bought Mary a bag. → (1) ×A bag was bought Mary by Jim. (2) ×Mary was bought a bag by Jim. とくに (2) は「メアリーは買われた」という、おかしな響きになるので、絶対にご法度です。
　(1) は前置詞 for を補えば、正しい英文になります。A bag was bought for Mary by Jim.

　さて、次に取り上げるのは、interesting と interested の使い間違いです。この混同は、exciting と excited の間でも起こります。まずは会話例を見てみましょう。

ケース51 'interesting' と 'interested'

BEFORE

J: I'm going to see 'War of the Worlds' tonight. If you are interesting, please come.

今夜『宇宙戦争』を見にいく予定なんだ。もしキミが「おもしろい」のならいっしょにどうぞ。

E: Well, I think I'm quite an interesting person, but what does that have to do with going to see the movie?

そうね、たしかに私は「おもしろい」人よ。でも映画を見にいくのとどういう関係があるの？

J: What do you mean?

どういうことだい？

E: Well... I'm interested in seeing that movie because I think the MOVIE will be interesting.

あのね……私はね、映画がおもしろいだろうからその映画を見ることに興味があるの。

J: I don't understand.

言ってることがわからないよ。

E: Well... 'ed' describes the feeling, while 'ing' describes the 'thing'. For example: I was very excited when I went on the roller coaster because roller coasters are really exciting!

〈ed〉を使うと興味があるという気持ちを表すの。一方、〈ing〉を使うとそのものが興味深いという意味になる。たとえば、ジェットコースターはとって

もワクワクするもの (exciting) だから、ジェット
　　コースターに乗ったときにはとっても興奮したわ
　　(was very excited) って具合。
J: Oh. So I am 'ed' if something is 'ing'?
　　なるほど。ということは、もし何かが〈ing〉なら
　　ぼくは〈ed〉になるわけだ。
E: Yeah... basically!
　　そのとおり、それが基本よ!

　interest は「興味をかきたてる」という動詞です。ですから、be interested という受動態で「興味をかきたてられている」、すなわち「興味をもっている」という意味になります。英語では受動態ですが、日本語に訳すときは能動態になります。excite もまったく同様で、「ワクワクさせる」という動詞ですから、be excited という受動態で「ワクワクさせられる」、すなわち「ワクワクしている」という意味になります。

　一方、interesting という〈ing形〉は「興味をかきたてる」、すなわち「おもしろい」という意味で、「物」を修飾します。an interesting book のように。同様に、exciting も「ワクワクさせる」という意味で、やはり「物」を修飾します。an exciting game のように。

　ただし、「おもしろい人」と言うときは、interesting person も可能です。「人に興味を抱かせる人」という意味ですね。

　ついでながら、interesting people という言葉を使ったジョークをひとつご紹介しておきましょう。米国の劇作家ニール・サイモンの作です。

There are two million interesting people in New York and only seventy-eight in Los Angeles.

ニューヨークには200万人からのおもしろい人びとが住んでいるが、ロサンジェルスにはたった78人しかいない!

では、interesting と interested を正しく使い分けている会話を見てみましょう。

AFTER

J: I'm going to see 'War of the Worlds' tonight. If you're interested, please join us.

今夜『宇宙戦争』を見にいく予定なんだ。もし興味があるのならいっしょにどう?

E: Sure. I'd love to see it. What time?

もちろん、ぜひ見たいわ。何時?

J: We're meeting at the cinema at six.

映画館で6時に待ち合わせしているんだ。

E: Great. I'll see you tonight. I really love science fiction. I think it's really exciting and interesting. Kind of scary too!

わかったわ、では今夜ね。私SFがほんとうに好きなの。とってもおもしろくて刺激的だわ。しかもちょっと怖いし。

J: Yeah, me too. I think the story lines are pretty exciting.

ぼくもだ。あらすじはかなりスリルがありそうだよ。

E: Cool... see you tonight!
　いいわね、では今夜。

　日本人が、If you're interested...（もしあなたが興味があれば……）と映画に誘っています。これに対し、ネイティブは、I think it's really exciting and interesting. とこの誘いに大乗り気です。

教訓38

> interested や excited は「人」に使い、interesting や exciting は「物」に使います。これが原則です。

4 日本語に引きずられた表現

日本語に引きずられた表現については、かつて『爆笑式英語学習法』という本のなかで、「爆笑例文」を100以上紹介したことがあります。

たとえば……。

① 「彼女はカナヅチだ」
　　×She is a hammer.
② 「今日の彼女は沈んでいる」
　　×She is sinking today.
③ 「彼女はパーティで浮いていた」
　　×She was floating at the party.
④ 「彼女の唇を奪ったのはだれだ」
　　×Who stole her lips?

それぞれ正解は、次のとおりです。

① She cannot swim at all.
② She looks down today.
③ She looked lonely at the party.
④ Who kissed her?

さて、本書の最後は、このような日本語に引きずられた表現を取り上げることにしました。爆笑例文とはいきませんが、まあ、ご覧ください。

第12章 言葉は正確に使いましょう！　249

ケース 52 「遊ぶ」は 'play'?

BEFORE

E: What did you do last night?
　昨晩は何をしていたの？

J: I played with my friends.
　友だちと遊んでた。

E: You played with your friends? What did you play?
　友だちと遊んでた？ 何をして？

J: Nothing.
　別段。

E: But you said you played with your friends.
　でも「友だちと遊んでた」と言ったじゃない。

J: Yes... we just met at my friend's house.
　うん……友だちの家でただ会っていたんだ。

E: Oh... so you just hung out with your friends?
　じゃ、たんに友だちとハングアウトしていたわけね？

J: Hung out?
　ハングアウト？

E: Spend time with... hung out.
　時間をいっしょに過ごす、ぶらぶらしたってこと。

J: What's wrong with 'play'?
　「遊ぶ」じゃいけないの？

E: Well... only young kids use 'play with'. You can say that you 'played sport' or you 'played video games', but you don't say "I played with my friends." It sounds kind of kinky.

そうね、「だれだれと遊ぶ」を使うのは幼い子どもだけね。「スポーツをする」とか「ビデオゲームで遊ぶ」と言うのはいいけれど、「友だちと遊ぶ」とは言わないの。それって、ちょっと変な感じに聞こえるのよ。

J: Oh, OK. Well I went to my friend's house and we just hung out.

あっそう。じゃあ、友だちの家に行ってぶらぶらしていただけさ。

E: Cool!

それもいいね。

かつての教科書には、このような play が堂々と載っていました。「遊ぶ」という日本語に引きずられて、無意識のうちに幼稚な英語を使っている例です。ちなみに、先ほどご紹介した『爆笑式』では、次の例文を載せました。

「銀座に遊びにいこう」
　✕ Let's go to play in Ginza.

正しくは簡単に、Let's go to Ginza. と言えばOKでしょう。

ついでながら、「遊びにおいでよ」は、Come and play with me. ではなく、Come and see me. が適当でしょう。

では、修正後の会話を見てみましょう。

第12章　言葉は正確に使いましょう！　251

AFTER

E: What did you do last night?

　昨晩は何をしていたの？

J: Went to my friend's house and just hung out. How about you?

　友だちの家に行ってぶらぶらしていたんだ。キミは？

E: I went to the movies last night. First time in ages!

　昨晩は映画を見にいっていた。ずいぶん久しぶりだった！

J: What did you see?

　何を見たの？

E: I watched the new movie 'War of the Worlds'.

　新作の『宇宙戦争』を見た。

J: How was it?

　どうだった？

E: OK. It was good to see it on the big screen! I didn't like the ending.

　よかったよ。大画面で見るのにピッタリの映画だね。エンディングはいただけなかったけど。

J: I haven't seen it yet. I'm hoping to go and see it soon.

　まだ見ていないんだ。早く行って見たいなあ。

「遊ぶ」の関連で、もうひとつ『爆笑式』から引用します。

「この工場には遊んでいる機械がある」
　×Some machines are playing in this factory.

　工場のなかで、機械たちがバスケやバレーでいい汗を流している、という話ではありません。正しくは、Some machines are not in use in this factory. と表します。
　この文は、lie idle という表現を使って、Some machines are lying idle in this factory. と表すこともできます。idleは「何もしていない」という意味の言葉です。idle という語にからんで、もうひとつだけ爆笑例文をお目にかけましょう。

「金庫に大金が眠っている」
　×A large sum of money is sleeping in the safe.

　正しくは、lie idle を使って、こう表します。
　　A large sum of money lies idle in the safe.

教訓39

> 日本語に引きずられた英語表現に注意しましょう。たとえば、「遊んでいる土地」は playing land ではなく、idle land と言います。「遊んでいる施設（遊休施設）」なら、idle facilities です。

　では、いよいよ最後の会話例です。最近の若者のなかに、「たぶん」とか「一応」が口癖の人をよく見か

けます。「一応、学生してます」みたいな。

　私が学生のころも「モラトリアム」という言葉がはやりましたが、態度保留はいつの時代でも若者の特権なのかもしれません。

　ところで、何気ない「たぶん」のつもりで maybe を使うと、とんでもない誤解を生む可能性があります。まずは、NG会話から見てみましょう。

ケース53 「たぶん」を 'maybe' に置き換える

Before

E: Did you have a good weekend?
　　いい週末を過ごせた？
J: Maybe.
　　たぶん。
E: What does that mean? Maybe? Surely you know if you had a good weekend or not!
　　どういう意味、「たぶん」って？ 自分がいい週末を送ったかどうかはわかるはずよ。
J: I just stayed home. It was maybe OK.
　　たんに家で過ごしただけなんだ。だから、「たぶん」いい週末だったかなと。
E: Maybe means "I'm not sure." Do you mean that your weekend was just OK?
　　maybe というのは「私は確信をもてない」ということよ。週末はよかったと言いたいわけ？
J: Yes. It was OK... not good, not bad.

そうね、まあまあだったかな。よくもなく、悪くもなく。

E: OK... well you should say that. Don't use 'maybe' in this situation. The only time you might use 'maybe' here is if you got soooo drunk that you just can't remember anything so you really don't know!

そう、そう言わなくちゃ。こういうときには maybe を使わないでね。唯一 maybe を使ってもいいのは、あ〜んまりにも飲みすぎて何も思い出せないとき。そういうときは、ほんとうに訳がわからないんだものね。

「たぶん」の仲間には、maybe のほかに perhaps や probably などがあります。probably は確率が高く、80パーセントくらい当たりそうなときに用います。それに対し、maybe や perhaps はグッと確率が低く、50パーセントにも満たないような場合です。おまけに、**maybe には「どっちかわからない、どっちでもいいや」という投げやりな響きがある**のです。

ですから、「いい週末を過ごせた？」という質問に対して、Maybe. と答えると、「たぶんね。そんなことどうでもいいだろ」というふうに聞こえるのです。相手が聞き咎めるのも無理ありません。

では、maybe を使わない、ノーマルな受け答えをご覧ください。

AFTER

E: How was your weekend?

週末はどうだった？

J: It was OK. I didn't do much. I just stayed home, did some housework and watched TV. How about you?

よかったよ。たいしたことはしていないんだけどね。家にいて家事を少しやってテレビを見ただけ。あなたは？

E: Same. The weather was pretty bad so I just decided to stay in all weekend. It was pretty relaxing though.

同じ。お天気が悪かったから週末はずっと家にいることにしたんだ。でも、けっこうリラックスできたよ。

J: Yeah... I watched too much TV. I really want to go out and do something next weekend. It's OK spending a weekend at home once in a while, but it's also nice to get out and do something sometimes.

そうね。でも、ちょっとテレビを見すぎたわ。来週末は外出して何かぜひともやりたいな。たまには家で週末を過ごすのもいいけれど、ときには出かけて何かをするのもいいものね。

E: Yeah... I totally agree. I'd like to go to Kyoto and have dinner by the river.

そうだね……全面的に賛成。私は京都に行って、川岸（京都名物の川床）で食事をしたいな。

J: Mmm. That's a good idea. Let's go next weekend if the weather is OK.
　うーん、いいねえ。天気がよければ今度の週末に行かない？

E: Consider that a plan!
　その線で行こう。

　maybe と probably の違いは、次の例を見れば明らかでしょう。

I have to hurry, so I'll <u>probably</u> take a taxi.
　急がなきゃならないから、たぶんタクシーに乗るよ。

　この文で、maybe を使うと、「急がなきゃならないから、タクシーを使うかも……」という、どっちつかずの響きになります。
　maybe を使う場合は、語順の違いにも注意しましょう。

I have to hurry, so <u>maybe</u> I'll take a taxi.
　急がなきゃならないから、タクシーを使うかもね。

　maybe はとても言いやすい言葉なので、ついつい使ってしまいがちです。しかし、maybe には無責任な雰囲気があるので注意が必要です。maybe を使えるのは、次のようなシチュエーションです。

Are you going to Hong Kong next month?

―― Maybe. I don't know my schedule yet.

　来月、香港へ行くの？
　――たぶんね。まだスケジュールがわからないんだ。

　予定が確定していないなら、「どっちかわからない」という答えも仕方ありません。この文脈では probably よりも maybe のほうがふさわしいのです。probably を使う場合は、予定がほぼ決まっており、特別なことが起こらないかぎり香港へ行く、という状況を表しています。同じ「たぶん」でも、これだけの違いがあることを理解しておきましょう。

教訓40

　maybe は「たぶん」より「どうかなあ」に近い言葉です。むしろ、日本語の「たぶん」に近いのは probably のほうでしょう。perhaps は「たぶん」よりも「ことによると」に近い言葉です。確率的には maybe に近いですが、少々堅い言葉です。ただし、maybe のような投げやりなニュアンスはありません。

COLUMN

これは英語ではありません！③
"爆笑"日本語に引きずられた英語の巻

「昨日夢を見た」は I had a dream yesterday. と言います。日本語に引きずられて、I saw a dream yesterday. と言えば、「昨日しげしげ夢を見た」というおかしな英語に……。

① 「彼女はハーフだ」
   × She is half.
   ○ **She is half American and half Japanese.**
   → She is half. だと「彼女は半分だ」という怪奇事件に。

② 「どうもあいつが臭い」
   × He seems to smell.
   ○ **He is really suspicious.**
   → He seems to smell. では、ほんとうに臭いにおいを発していることに。

③ 「キミは甘すぎる」
   × You are too sweet.
   ○ **You are too optimistic.**
   → この場合の「甘い」は味ではなく「見通しが甘い」ということ。

④ 「彼のジョークはいつも寒い」
   × His jokes are always cold.
   ○ **His jokes bore me.**
   → 正しくは「彼のジョークは私をうんざりさせる」という英文に。

第12章 言葉は正確に使いましょう！

⑤「キミの時計は狂っているよ」
  ✕ Your watch is crazy.
  ○ **Your watch is wrong.**
    →crazy だと「頭がおかしい」という意味に。

⑥「ねばれ！」
  ✕ Be sticky.
  ○ **Don't give up.**
    →Be sticky. だと「ネバネバしろ！」というトンデモ英文に。

⑦「兄はよく父と衝突する」
  ✕ My brother often crashes into my father.
  ○ **My brother often disagrees with my father.**
    →車のように正面衝突する、なんて話ではありません！

⑧「ここが私の会社です」
  ✕ This is my company.
  ○ **This is the office where I work.**
    →This is my company. では、この会社の社長みたいに聞こえます。

⑨「私は都合がいいですよ」
  ✕ I am convenient.
  ○ **It's convenient for me.**
    →I am convenient. では「私は便利な人です」という意味に。

⑩「蚊に食われた」
  ✕ I was eaten by a mosquito.
  ○ **I was bitten by a mosquito.**
    →人を丸ごと食う巨大な蚊の出現か？

エピローグ

歩み寄るのはこちらから

●若い米国人カメラマンの思い出

　私はこの本のなかで、くだくだしい言い訳は見苦しい、と（おそらく何度も）書きました。

　矛盾を覚悟で、最後に言い訳をひとつ。

　本書の趣旨は、外人崇拝でも白人崇拝でもありません。彼らと話すときは、彼らの流儀を知っているほうがうまくいく、というのがこの本の考え方です。あちらから歩み寄ってもらうのは難しかろうから、こちらから歩み寄ってあげましょう、という善意と熱意に満ちた本なのです。

　ところで、「彼らの流儀」という言葉に関連して、忘れられない思い出があります。私が国際的な経済雑誌のデスクをしていたときの出来事です。

　当時（1983～86年ころ）、私のところに内外の多くのカメラマンが売り込みに訪れ、見所のある人にはどんどん仕事を発注しました。アメリカ人に革命直後のフィリピンに飛んでもらい、コロンビア人に地中海文明の跡をたどってもらい、フランスの老カメラマンにはセーヌ川の橋の下にもぐりこんでもらう、といった具合でした。

　あるとき、青い眼の若いアメリカ人の執拗(しつよう)な売り込みを受けました。私たちがよく起用している米国人カメラマンの親友という触れ込みでしたが、どうもアヤ

シイ話でした（あとで真っ赤なウソであることが判明しました）。その彼が、インドネシアの熱帯雨林と祭りの取材をさせてくれ、と言って一歩も譲らないのです。理不尽な売り込みでしたが、なんとも頑固な青年でした。

　自国語でまくしたてる相手に、こちらは聞き取るのがやっと。つたない英語で応戦するので、どうにも分が悪い。「飛行機の切符も買ってある。あなたたちは取材費を出すだけでよい」と相手は強硬です。いくら話し合っても埒があかないので、最後に私は、試しにこう言ってみました。
「飛行機の切符があるかないかが問題なのではない。問題は、だれがその切符をもっているかだ」と。

　このひとことは、魔法のように効きました。この言葉を聞くなり、米国青年はすべての抵抗を断念して、すごすごと去っていきました。

　このときに私は、アメリカ人を説得するには特別なコツがあることを知りました。相手が日本人のカメラマンだったら、こんなキザなセリフは決して吐かなかったと思います。

　日本人のカメラマンは、概して素朴な性格で、情熱的で、なにより自分の仕事を愛している人たちでした。自分の惚れ込んだ土地になかば同化して、顔つきまで似てしまったような人が多い。初対面でも、この人はアジアだな、この人はイスラム圏だな、と雰囲気でわかるのです。

　それにくらべると、アメリカのカメラマンには、野心や功名心が見え隠れしているようなタイプが多かっ

た。「この日本の雑誌を足がかりにして本国で名を売り、ゆくゆくはタイムかニューズウィークのカメラマンになるんだ」という、彼らなりのアメリカンドリームをぷんぷんさせているようなタイプです。

　私がこの本を書いた動機は、白人崇拝の念からではありません。彼らにわかるように話してあげたい、という気持ちから本書の筆をとりました。

●ビジネス・ルールの違い

　欧米人とのビジネスでは、オフィシャルな会話はミーティングのときだけというのが基本のルールです。その続きを酒席に持ち込むと、「さっきの会議は何のためだったんだ！」と裏切られたような気がする人もいるようです。

　ところが、日本人どうしの場合は、「ここから先は酒席で……」という阿吽(あうん)の呼吸があります。場所を改めて、やおら胸襟(きょうきん)を開いて話し出す。ちょっとアルコールが入ると頭の働きもよくなることが科学的に証明されていますから、お互い知的容量もふえたところで、大所高所からの議論をやりなおす。すると、昼間見えなかった微細な点が鮮明に見えてきて、双方から妙案が飛び交う。ミーティングのときとは、雰囲気がまるで違います。

　私は、この日本式で何度も大きな仕事を進めましたから、欧米式が優れているとはちっとも思いません。もっとも、この日本式交渉術の背景には、日本はおおむね単一民族国家で、お互いどうし、攻撃し合ったり批判し合ったりする習慣があまりない。それで、酒席

に移った瞬間から、あっさり手の内をさらけ出し、互いに胸襟を開き合う精神土壌があるのです。

　これに対し、西洋の多くの国は原則として多民族社会であり、外部的にもたえず異民族との接触にさらされています。このため、酒席で意気投合するなどという無防備な（もっとも危険な）交渉法は考えられないのです。ですから、これは文化の違い、環境の違いに起因するところが大です。

　文化や環境の違いは、優劣の問題ではありません。とくに、日本式の和合の伝統と、西洋式の条件交渉の伝統が激突する場合は、どちらかが先に歩み寄るしかありません。私がこの本で主張したいのは、そうと気づいたほうから歩み寄るしかないだろう、という一点に尽きています。だいたい、相手がどこにいるか知らなければ、歩み寄る手立てもないはずです。本書は、孫子の兵法で言えば、相手の手の内を知るための試みです。「敵を知り己を知れば百戦危うからず」というあれです。

　これでもう言い残すことはありません。
　最後までお読みいただき、ほんとうにありがとうございました。この本が今後のあなたの人生で、何ほどかでもお役に立てば、こんなに嬉しいことはありません。

参考文献（50音順）

『頭がいい人、悪い人の英語』（A・バーガーほか、ＰＨＰ研究所）
『アメリカ発「英語のツボ」速習法』（関口敏行、講談社）
『言ってはイケナイ英語』（原田高志、ＮＯＶＡ）
『一歩すすんだ英会話』（東後勝明、講談社）
『A or B？ ネイティブ英語』（J・M・バーダマン、講談社インターナショナル）
『英会話あと一歩』（M・クラッカワー、光文社）
『英会話 語学力より話題力！』（M・クラッカワー、青春出版社）
『英会話の常識・非常識』（田辺洋二、講談社）
『英会話ペラペラ』（E・ハンソン、実業之日本社）
『英語 ジョークの教科書』（丸山孝男、大修館書店）
『英語上達 ７つの法則』（晴山陽一、ＰＨＰエディターズグループ）
『英語でビジネス交渉！』（石川英夫、研究社出版）
『英語・日本人の致命傷』（大内博、光文社）
『英語のセンス』（晴山陽一ほか、河出書房新社）
『英語のソーシャルスキル』（P・ロシターほか、大修館書店）
『英語は動詞で生きている！』（晴山陽一、集英社）
『英語表現のトレーニング』（脇山怜、講談社）
『「英語モード」で英会話』（脇山怜ほか、講談社インターナショナル）
『活剣武士のリスニング道場』（E・カッケンブッシュ、アルク）
『ケリーさんのすれちがい100』（P・ケリーほか、三省堂）
『コミュニケーションの英語』（大内博、講談社）
『こんな英語の教科書は使えません。』（関口敏行、総合法令）
『こんなにもある英語教科書の間違い』（T・ワードほか、一光社）
『その英語、ネイティブにはこう聞こえます』（D・セインほか、主婦の友社）

『だからあなたは英語ができない』（D・セインほか、実業之日本社）
『たった60単語の英文法』（晴山陽一、青春出版社）
『ダメ！ その英語』（連東孝子、講談社インターナショナル）
『使ってはいけない！ この英語』（小池直己、宝島社）
『使ってはいけない英語』（D・セインほか、河出書房新社）
『"鉄"の説得力 サッチャーを聴く』（グロビュー社）
『NHKラジオビジネス英会話 土曜サロン・ベスト・セレクション』（馬越恵美子ほか、DHC）
『NHKラジオビジネス英会話 土曜サロン・ベスト・セレクション基礎編』（馬越恵美子ほか、DHC）
『トンデモ英語デリート事典』（K・クローン、光文社）
『日本人英語の間違い』（K・ギルバート、光文社）
『日本人英語のミス200 正・続』（P・ケリーほか、研究社）
『日本人英語へのちょっとしたアドヴァイス』（P・シュナイダー、大修館書店）
『日本人がよく間違える英語のミス』（J・H・M・ウェブ、ジャパンタイムズ）
『ネイティブが陰で笑うとんでも英語』（N・クライマーほか、ベストセラーズ）
『爆笑式英語学習法』（晴山陽一、講談社）
『非言語コミュニケーション』（M・F・ヴァーガス、新潮社）
『ビジネス交渉と会議英語辞典』（馬越恵美子ほか、DHC）
『100％アメリカ人』（D・E・ウェイス、TBSブリタニカ）
『プレゼン英語必勝の法則 Messages!』（D・ワグナー、日経BP）

"100％ AMERICAN"（D.E.Weiss, Poseidon Press）
"1,000 CRAZY JOKES FOR Kids"（M.Johnstone, Ballantine Books）
"Situational Dialogues"（M.Ockenden, Longman）
"Survival English"（J.F.de Freitas, Macmillan）

晴山陽一［はれやま・よういち］

1950年東京生まれ。英語教育研究家。早稲田大学文学部哲学科卒業。出版社に入社し、経済雑誌『コモンセンス』副編集長、月刊教育誌『トレーニングペーパー』編集長、ソフト開発部長などを務める。96年に、みずから開発した英語学習ソフト『大学受験1100単語』普及のために「英単語速習講座」を主催、全国各地で指導にあたる。97年に独立し、精力的に執筆を続けている。

おもな著書に『英単語速習術』『TOEIC®テスト「超」必勝法』(以上、ちくま新書)、『たった100単語の英会話』(青春出版社)、『すごい言葉』(文春新書)、『英熟語速習術』(角川oneテーマ21)、『英語は動詞で生きている!』(集英社新書)、『晴山式 英語速答700問ドリル』(アルク)など多数ある。

ヘタでも通じる英会話術

PHP新書 407

二〇〇六年七月二十八日 第一版第一刷

著者	晴山陽一
発行者	江口克彦
発行所	PHP研究所

東京本部 〒102-8331 千代田区三番町3-10
新書出版部 ☎03-3239-6298（編集）
普及一部 ☎03-3239-6233（販売）

京都本部 〒601-8411 京都市南区西九条北ノ内町11

組版	有限会社エヴリ・シンク
装幀者	芦澤泰偉＋児崎雅淑
印刷所 製本所	図書印刷株式会社

©Hareyama Yoichi 2006 Printed in Japan
落丁・乱丁本の場合は弊社制作管理部（☎03-3239-62226）へご連絡下さい。送料弊社負担にてお取り替えいたします。

ISBN4-569-65462-2

PHP新書刊行にあたって

「繁栄を通じて平和と幸福を」(PEACE and HAPPINESS through PROSPERITY)の願いのもと、PHP研究所が創設されて今年で五十周年を迎えます。その歩みは、日本人が先の戦争を乗り越え、並々ならぬ努力を続けて、今日の繁栄を築き上げてきた軌跡に重なります。

しかし、平和で豊かな生活を手にした現在、多くの日本人は、自分が何のために生きているのか、どのように生きていきたいのかを、見失いつつあるように思われます。そして、その間にも、日本国内や世界のみならず地球規模での大きな変化が日々生起し、解決すべき問題となって私たちのもとに押し寄せてきます。

このような時代に人生の確かな価値を見出し、生きる喜びに満ちあふれた社会を実現するために、いま何が求められているのでしょうか。それは、先達が培ってきた知恵を紡ぎ直すこと、その上で自分たち一人一人がおかれた現実と進むべき未来について丹念に考えていくこと以外にはありません。

その営みは、単なる知識に終わらない深い思索へ、そしてよく生きるための哲学への旅でもあります。弊所が創設五十周年を迎えましたのを機に、PHP新書を創刊し、この新たな旅を読者と共に歩んでいきたいと思っています。多くの読者の共感と支援を心よりお願いいたします。

一九九六年十月　　　　　　　　　　　　　　　　　　　　　　PHP研究所

282	幸田露伴と明治の東京	松本　哉
297	鬼・雷神・陰陽師	福井栄一
303	日本美術 傑作の見方・感じ方	田中英道
309	抄訳・ギリシア神話	ロバート・グレイヴズ
317	小澤征爾——日本人と西洋音楽	遠藤浩一
339	武満徹——その音楽地図	小沼純一
343	ドラえもん学	横山泰行
368	ヴァイオリニストの音楽案内	高嶋ちさ子
391	村上春樹の隣には三島由紀夫がいつもいる。	佐藤幹夫

[思想・哲学]

022	「市民」とは誰か	佐伯啓思
029	森を守る文明・支配する文明	安田喜憲
032	〈対話〉のない社会	中島義道
052	靖国神社と日本人	小堀桂一郎
057	家族の思想	加地伸行
058	悲鳴をあげる身体	鷲田清一
083	「弱者」とはだれか	小浜逸郎
086	脳死・クローン・遺伝子治療	加藤尚武
128	自我と無我	岡野守也
137	養生訓に学ぶ	立川昭二
150	「男」という不安	小浜逸郎
169	「自分の力」を信じる思想	勢古浩爾
181	〈教養〉は死んだか	加地伸行
185	京都学派と日本海軍	大橋良介
202	民族と国家	松本健一
204	はじめての哲学史講義	鷲田小彌太
220	デジタルを哲学する	黒崎政男
223	不幸論	中島義道
242	おやじ論	勢古浩爾
267	なぜ私はここに「いる」のか	小浜逸郎
268	人間にとって法とは何か	橋爪大三郎
272	砂の文明・石の文明・泥の文明	松本健一
274	人間は進歩してきたのか	佐伯啓思
281	「恋する力」を哲学する	梅香　彰
301	20世紀とは何だったのか	佐伯啓思
367	「責任」はだれにあるのか	小浜逸郎
395	エピソードで読む西洋哲学史	堀川　哲
402	なんとなく、日本人	小笠原　泰

360	大阪人の「うまいこと言う」技術	福井栄一
369	中国人の愛国心	王 敏
372	日本浪漫紀行	呉 善花
383	出身地でわかる中国人	宮崎正弘
393	聖書で読むアメリカ	石黒マリーローズ
394	うどんの秘密	藤村和夫
397	中国人、会って話せばただの人	田島英一

[社会・教育]

039	話しあえない親子たち	伊藤友宣
117	社会的ジレンマ	山岸俊男
131	テレビ報道の正しい見方	草野 厚
134	社会起業家——「よい社会」をつくる人たち	町田洋次
141	無責任の構造	岡本浩一
174	ニュースの職人	鳥越俊太郎
175	環境問題とは何か	富山和子
183	新エゴイズムの若者たち	千石 保
227	失われた景観	松原隆一郎
237	ナノテクノロジー——極微科学とは何か	川合知二
246	離婚の作法	山口 宏
252	テレビの教科書	碓井広義
295	不登校を乗り越える	磯部 潮

312	汚染される身体	山本弘人
322	判断力はどうすれば身につくのか	横江公美
324	わが子を名門小学校に入れる法　清水克彦/	和田秀樹
330	権威主義の正体	岡本浩一
335	NPOという生き方	島田 恒
337	ロボットは人間になれるか	長田 正
352	教科書採択の真相	藤岡信勝
354	アメリカの行動原理	橋爪大三郎
357	チャット恋愛学	室田尚子
365	誰がテレビをつまらなくしたのか	立元幸治
375	法律家のためのキャリア論	村上政博
380	貧乏クジ世代	香山リカ
386	社会人から大学教授になる方法	鷲田小彌太
389	効果10倍の〈教える〉技術	吉田新一郎
396	われら戦後世代の「坂の上の雲」	寺島実郎
398	退化する若者たち	丸橋賢

[文学・芸術]

120	日本語へそまがり講義	林 望
207-211	日本人の論語（上・下）	谷沢永一
258	「芸術力」の磨きかた	林 望
270	小津安二郎・生きる哀しみ	中澤千磨夫

403	幸運と不運の法則		小野十傳
404	「場の空気」が読める人、読めない人		福田 健

[人生・エッセイ]

001	人間通になる読書術		谷沢永一
122	この言葉！		森本哲郎
147	勝者の思考法		二宮清純
161	インターネット的		糸井重里
200	「超」一流の自己再生術		二宮清純
253	おとなの温泉旅行術		松田忠徳
260	数字と人情		清水佑三
263	養老孟司の〈逆さメガネ〉		養老孟司
296	美術館で愛を語る		岩渕潤子
306	アダルト・ピアノ―おじさん、ジャズにいどむ		井上章一
307	京都人の舌つづみ		吉岡幸雄
310	勝者の組織改革		二宮清純
323	カワハギ万歳！		嵐山光三郎
328	コンプレックスに勝つ人、負ける人		鷲田小彌太
331	ユダヤ人ならこう考える！		烏賀陽正弘
340	使える！『徒然草』		齋藤 孝
347	なぜ〈ことば〉はウソをつくのか？		新野哲也
348	「いい人」が損をしない人生術		斎藤茂太

361	世界一周！ 大陸横断鉄道の旅		櫻井 寛
370	ああ、自己嫌悪		勢古浩爾
377	上品な人、下品な人		山﨑武也
385	一度死んでみますか？		島田雅彦／しりあがり寿

[地理・文化]

088	アメリカ・ユダヤ人の経済力		佐藤唯行
110	花見と桜		白幡洋三郎
166	ニューヨークで暮らすということ		堀川 哲
176	日米野球史―メジャーを追いかけた70年		波多野勝
198	環境先進国・江戸		鬼頭 宏
216	カジノが日本にできるとき		谷岡一郎
244	天気で読む日本地図		山田吉彦
264	「国民の祝日」の由来がわかる小事典		所 功
265	「おまけ」の博物誌		北原照久
269	韓国人から見た北朝鮮		呉 善花
271	海のテロリズム		山田吉彦
279	明治・大正を食べ歩く		森まゆみ
284	焼肉・キムチと日本人		鄭 大聲
285	上海		田島英一
332	ほんとうは日本に憧れる中国人		王 敏
342	豪華客船を愉しむ		森 隆行

PHP新書

[言語・外国語]

- 008 英文法を撫でる ... 渡部昇一
- 045 イタリア語を学ぶ ... 白崎容子
- 095・096 話すための英語 日常会話編（上下） ... 井上一馬
- 136 英語はいらない!? ... 鈴木孝夫
- 163 講談・英語の歴史 ... 渡部昇一
- 167 日本語は生き残れるか ... 井上史雄
- 179 方言は絶滅するのか ... 真田信治
- 186 手話ということば ... 米川明彦
- 209 韓国がわかる。ハングルは楽しい！ ... 金 裕鴻
- 213 話すための中国語 ... 相原 茂
- 224 最強の英語上達法 ... 岡本浩一
- 236 英語で一日一言 ... 井上一馬
- 248 みんなの漢字教室 ... 下村 昇
- 316 使える！受験英語リサイクル術 ... 尾崎晃夫
- 345 ほんとうの敬語 ... 萩野貞樹

[知的技術]

- 003 知性の磨きかた ... 林 望
- 017 かけひきの科学 ... 唐津 一
- 025 ツキの法則 ... 谷岡一郎
- 074 入門・論文の書き方 ... 鷲田小彌太
- 112 大人のための勉強法 ... 和田秀樹
- 130 日本語の磨きかた ... 林 望
- 145 大人のための勉強法 パワーアップ編 ... 和田秀樹
- 158 常識力で書く小論文 ... 鷲田小彌太
- 180 伝わる・揺さぶる！文章を書く ... 山田ズーニー
- 199 ビジネス難問の解き方 ... 唐津 一
- 203 上達の法則 ... 岡本浩一
- 212 人を動かす！話す技術 ... 杉田 敏
- 250 ストレス知らずの対話術 ... 齋藤 孝
- 288 スランプ克服の法則 ... 岡本浩一
- 305 頭がいい人、悪い人の話し方 ... 樋口裕一
- 311 〈疑う力〉の習慣術 ... 和田秀樹
- 315 問題解決の交渉学 ... 野沢聡子
- 333 だから女性に嫌われる ... 梅森浩一
- 341 考える技法 ... 小阪修平
- 344 理解する技術 ... 藤沢晃治
- 351 頭がいい人、悪い人の〈言い訳〉術 ... 樋口裕一
- 390 頭がいい人、悪い人の〈口ぐせ〉 ... 樋口裕一
- 399 ラクして成果が上がる理系的仕事術 ... 鎌田浩毅